丛书主编

王大明　刘　兵　李　斌

编委会成员

（按姓氏音序排列）

陈印政　柯遵科　李　斌

李思琪　刘　兵　刘思扬

曲德腾　施光玮　孙丽伟

万兆元　王　静　王大明

吴培熠　杨　枭　杨可鑫

云　霞　张桂枝　张前进

从格致到科学

中国近代科学先驱

孙丽伟 陈印政 编

中原出版传媒集团
中原传媒股份公司

大象出版社
·郑州·

图书在版编目(CIP)数据

从格致到科学：中国近代科学先驱 / 孙丽伟,陈印政编. — 郑州：大象出版社,2024.2
(中外科学家传记丛书 / 王大明,刘兵,李斌主编)
ISBN 978-7-5711-1935-5

Ⅰ.①从… Ⅱ.①孙…②陈… Ⅲ.①科学家-列传-中国-近代 Ⅳ.①K826.1

中国国家版本馆 CIP 数据核字(2023)第 250009 号

中外科学家传记丛书

从格致到科学　中国近代科学先驱
CONG GEZHI DAO KEXUE　ZHONGGUO JINDAI KEXUE XIANQU
孙丽伟　陈印政　编

出 版 人	汪林中
项目策划	李光洁
项目统筹	成　艳　董翠华
责任编辑	王大卫
责任校对	牛志远
装帧设计	王莉娟

出版发行	大象出版社(郑州市郑东新区祥盛街 27 号　邮政编码 450016)
	发行科　0371-63863551　总编室　0371-65597936
网　　址	www.daxiang.cn
印　　刷	河南瑞之光印刷股份有限公司
经　　销	各地新华书店经销
开　　本	890 mm×1240 mm　1/32
印　　张	6.25
字　　数	135 千字
版　　次	2024 年 2 月第 1 版　2024 年 2 月第 1 次印刷
定　　价	25.00 元

若发现印、装质量问题,影响阅读,请与承印厂联系调换。
印厂地址　武陟县产业集聚区东区(詹店镇)泰安路与昌平路交叉口
邮政编码　454950　　　　　　电话　0371-63956290

总　序

马克思和恩格斯合写于 19 世纪 40 年代的《共产党宣言》中，曾有这样一段生动的描述："自然力的征服，机器的采用，化学在工业和农业中的应用，轮船的行驶，铁路的通行，电报的使用，整个整个大陆的开垦，河川的通航，仿佛用法术从地下呼唤出来的大量人口——过去哪一个世纪料想到在社会劳动里蕴藏有这样的生产力呢？"马克思和恩格斯说的那一切，还不过是 19 世纪的景况。到了 21 世纪的今天，随着核能、电子、生物、信息、人工智能等各种前人闻所未闻的科学技术的飞速发展，人类社会面貌进一步发生了翻天覆地的甚至马克思那个年代都无法想象的巨变。造成所有这一切改变的最根本原因，毫无疑问，就是科学技术。而几百年来，推动科学技术发展的直接力量，就是一大批科学家和技术专家。

中国是这几百年来世界科学技术革命和现代化的后知后觉者，从 16 世纪末期最初接触近代自然科学又浅尝辄止，到 19 世纪中期晚清时代坚船利炮威胁下的西学东渐，再到 20 世纪初期对"德先生"和"赛先生"的热切呼唤，经过几百年的尝试，特别是近几十年的努力，已逐渐赶上世界发展的潮流，甚至最近还有后来者居上的势头。例如，中国目前不但在经济总量上居于世界第二的地位，而且在科学研究的多个前沿领域也已经名列国际前茅。最可贵的是，中国已经形成了一支人数众多、质量上乘的科研队伍。

利用科学技术来推动社会经济的发展，中国已经尝到了巨大甜头，科学技术是第一生产力的观点深入人心。从政府到民间，大家普遍关心如何进一步落实科教兴国战略、推动创新促进发展，使中国在科技创新方面更具竞争优势，培养和造就出更多的科技创新人才，使中国在现代化道路上能走得更长远、更健康。

为实现上述目标，一方面需要提高专业科学研究队伍的水平，发扬理性思考、刻苦钻研、求真求实、勇于创新的科学精神；另一方面也需要增强和培育整个社会的公众科学素养，造就学科学、爱科学，支持创新、尊重人才的文化氛围。这套"中外科学家传记丛书"的编辑和出版，就是出于这样的考虑。

通过阅读和学习科学家传记，一是可以更深刻地理解科学家们特别是那些在重大历史转折关头做出了伟大贡献的科学家的科学思想和创新方法，二是可以更鲜活地了解到科学家们的科学精神和品格作风，三是可以从科学家们的各种成长经历中得到启发。

本丛书所收录的200多位中外著名科学家（个别其他学者）的传记，全部都来自中国科学院1979年创刊的《自然辩证法通讯》杂志。该杂志从创刊伊始就设立了一个科学家人物评传的固定栏目，迄今已逾四十年，先后刊登了200多篇古今中外科学家的传记，其中包括文艺复兴时期的欧洲科学家、远渡重洋将最初的西方近代科学知识带到中国的欧洲传教士，当然大部分都是现代科学家，例如数学领域的希尔伯特、哈代、陈省身、吴文俊等，物理学领域的玻尔、普朗克、薛定谔、海森伯、钱三强、束星北、王淦昌等，以及天文学、地学、生物学、计算机科学和若干工程领域的科学家。值得指出的是，这些传记文章的作者，大都是在相关领域学有专长的专家学者。例如：写过多篇数学家传记的胡作玄先生，是中国科学院原系统科学研究所的研究员；写过多篇物理学家传记的戈革先生，是中国石油大学的物理学教授；此外还有北京大学、清华大学、上海交通大学、中国科技大学等多所国内著名大学的教授，以及中国科学院、中国医学科学院和中国科技协会等研究机构的专家。所以，这些传记文章从专业和普及两个角度看，其数量之多、涉及领域之广、内容质量之上乘、可读性之强，在国内的中外科学家群体传记中都可以说是无出其右者。

考虑到读者对象的广泛性，本丛书对原刊物传记文章进行了重新整理编辑，主要集中在如下几个方面：一是在总体设计上，丛书共分 30 册，每册收录 8 篇人物传记；二是基本按照学科领域来划分各个分册；三是每分册中的人物大致参考历史顺序或学术地位来编排；四是为照顾阅读的连续性，将原刊物文章中的所有参考资料一律转移到每分册的最后，并增加人名对照表。

当前，中国正处在从制造大国向创造大国转变、急需更多科技创新和科技人才的重要历史时刻，希望本丛书的出版对于实现这个伟大目标有所裨益，也希望对广大青少年和其他读者的学习生活有所帮助。

目 录

001
李冶　金元之际的著名学者

029
徐霞客　明代伟大的地理学家

051
王锡阐　清代杰出的天文学家

069
梅文鼎　清初历算大师

091
李善兰　中国近代科学的先驱者

117
华蘅芳　中国近代科学的先行者和传播者

141
章颐年 中国心理卫生的开拓者

163
卢于道 与中国神经科学之发蒙启蔽

184
参考资料

188
人名对照表

李冶

金元之际的著名学者

李冶
(1192—1279)

李冶是 13 世纪杰出的代数学家，他总结并完善了天元术，使之成为我国独特的半符号代数。另外，他在文史方面也深有造诣，堪称一位多才多艺的学者。他的学术成就及治学态度，对后世有着深远的影响。

一、李冶在金末的生活

李冶，字仁卿，号敬斋，祖籍真定府栾城县（今河北省石家庄市栾城区）。

金明昌三年（1192），李冶诞生于大兴（今北京市大兴区）。父亲李遹是位博学多才的学者，当时在大兴府尹胡沙虎（又名纥石烈执中）手下任府推官[1]，母亲姓王。李冶有两个同父异母的兄弟，兄名澈，刘氏所生；弟名滋，崔氏所生；还有两个同胞姐妹。本来，李冶的父母给他取名为治，就像他的兄弟一样，以水为旁。但李冶长大以后，发现自己的姓名与唐高宗的姓名相同，于是决定改名。因"治"字沿用已久，不愿全改，便把偏旁减去一点，改为"冶"。这样就在不同的书中出现了"李治"和"李冶"两种写法。

李冶出生的时候，金朝正由盛而衰。章宗即位后，官僚政治日

---

[1] 推官为幕僚，其职责与现在参谋类似。

趋腐败。由于管理不善，酿成了章宗时期连续三次的黄河大决堤，大片耕地被淹，沿河农村受到严重破坏。连年的对外战争，使军费日增，再加上女真贵族的任意挥霍，金朝出现了财政危机，于是滥发纸币，致使物价飞涨，国虚民穷。泰和八年（1208），金章宗病死，卫绍王永济即皇帝位。这时蒙古军队加紧向金朝进攻，腐朽的金朝内部已潜伏着亡国的危机。李遹就是在章宗和卫绍王时期在金朝为官的。

李遹的上司胡沙虎，是一个深得朝廷宠信的奸臣，他"声势焰焰，人莫敢仰视"，常常打骂同僚，欺压百姓，甚至"虐杀不辜"。如果有人敢于非议，轻则被排诸远方，重则受害至死，所以"时人视之犹蛇虎鬼魅，疾走远避之不暇"。但李遹是一个正直而不怕权势的人，见他的上司无恶不作，常常据理力争，置个人生死祸福于度外。他曾险遭胡沙虎的毒手，只因为官谨慎，幸免于难。李遹为了防备不测，便把家中老小送回故乡栾城。这时李冶正值童年，他没有随家人回乡，而是独自到栾城的邻县元氏（今河北省元氏县）求学去了。

童年时代的李冶，不仅天资明敏，而且喜爱读书。《元朝名臣事略》中说："公（指李冶）幼读书，手不释卷，性颖悟，有成人之风。"他的这种精神，显然与父亲的影响和教育有关。在李冶看来，学问比财富更可贵。他后来著书时，曾引用"积财千万，不如薄技在身"的民谚，又说："金璧虽重宝，费用难贮蓄。学问藏之身，身在即有余。"他自幼便是以这种思想为座右铭的。

在学习期间，李冶不仅对数学感兴趣，对文学也颇感兴趣。有一次，李屏山先生让他代作墓铭，数篇一夕而就。屏山先生十分惊喜，赠诗云："仁卿不是人间物，太白精神义山骨。"这两句诗传扬开来，成为人们称赞李冶的一段佳话。

至宁元年（1213），由于胡沙虎篡权乱政，李遹被迫辞职，隐居阳翟（今河南省禹州市）。不久，李冶也从河北来到河南。从此，李遹不再过问政事，只在大自然中寻求乐趣，经常吟诗作画，善画山水龙虎，在当地颇有名声。这时李冶与元好问[1]感情甚笃，好问常到李冶家来，向李父求教。后来，李冶与元好问外出求学，拜文学家赵秉文、杨文献为师。在名师指导之下，两人在南都（即汴京，今河南省开封市）并驾齐驱，不久便文声大振。李冶在《泛说》中曾说："李子年二十以来，知作为文章之可乐，以为外是无乐也。"大概就是指的这段时期。到正大年间（1224—1231），两人便与赵秉文、杨文献齐名了。

正大七年（1230），李冶赴洛阳应试，被录取为词赋科进士，因得高陵（今陕西省西安市高陵区）主簿官职，但蒙古窝阔台军已攻入陕西，所以没有上任。接着又被调往阳翟附近的钧州城（今河南省禹州市）当知州。这时，金朝在蒙古军队的威胁之下，形势非常紧张，钧州城内调度十分频繁。李冶和他父亲一样，为官清廉、正直。他亲自掌管出纳，一丝不苟。据记载，钧州城的出纳"无规撮之误"。在当时动乱的环境中，像李冶这样的清官确实是难能可贵的。李冶曾在《敬斋古今黈》中说："好人难做须著力。"又说：

---

[1] 元好问，金代著名文学家，曾在金朝为官。

"著力处政是圣贤阶级。"这正是李冶为人、做官的写照。

开兴元年（1232）正旦，蒙古军攻破钧州。李冶不愿投降，只好换上平民服装，北渡黄河，走上了漫长而艰苦的流亡之路。李冶的父亲也在李冶北渡前后于阳翟病逝，享年 67 岁。

二、流亡中的学术生涯

李冶北渡黄河，这是他一生的重要转折点。将近 50 年的学术生涯，便由此开始了。

李冶北渡后流落于山西的忻县、崞县之间，过着"饥寒不能自存"的生活。一年以后（1233），汴京陷落，元好问也弃官出京，到山西避难。1234 年年初，金朝终于为蒙古所灭。李冶与元好问都感到政事已无可为，于是潜心学问。李冶经过一段时间的颠沛流离之后，定居在崞县的桐川。这时，李冶已年过四十了。金朝的灭亡给李冶的生活带来不幸，但由于他不再为官，这在客观上也使他从事科学研究有了充分的时间。

李冶在桐川的研究工作是多方面的，包括数学、文学、历史、天文、哲学、医学。从《敬斋古今黈》中可见其读书之广。与李冶同时代的砚坚说他"世间书凡所经见，靡不洞究，至于薄物细故，亦不遗焉"。《元史新编》中也说他"凡天文象数，名物之学，无不研精"。李冶不仅博览群书，而且善于去粗取精，批判地接受前人的知识，他说："学有三，积之之多不若取之之精，取之之精不若得之之深。"

李冶在读百家之书的时候，哲学思想受到各种流派的影响，如孔子（儒家）的"仁义"之说和商鞅（法家）的法制思想，均为李冶所吸收。但对他影响最大的还是以老子、庄子为代表的道家思想。

"道"是道家思想的核心。庄子说："天地者，形之大者也；阴阳者，气之大者也。道者为之公。"这就是说，道是天地阴阳之间的共同的东西。他又说："道者，万物之所由也。庶物失之者死，得之者生，为事逆之则败，顺之则成。故道之所在，圣人尊之。"由此可见，"道"含有规律的意思，各种事物都有其"道"。

从李冶在桐川的言行来看，他受道家思想的影响是全面而深刻的。庄子讨厌当时的社会，于是把思想转向广阔的自然。李冶隐居桐川后，也全身心地投入自然的怀抱。他后来见到侄婿张子敬的题画诗"可怜赤壁争雄渡，唯有蓑翁坐钓鱼"时，赞赏地说："此论甚好。"从中可见他对社会上争权夺利的厌恶和对自由生活的向往。这种精神一直贯穿李冶的后半生。

当然，我们最感兴趣的还是道家思想对李冶数学工作的影响。由于篇幅所限，我们不能对道家思想作全面评价。但道家崇尚自然，这一点是有利于把人们的眼光引向自然科学的。我们下面将看到，庄子的唯物主义自然观对李冶的数学研究有着重大影响，甚至成为他抵制理学的思想武器。

宋朝时，程朱理学颇有影响。他们认为，至高无上的"理"是先于物而存在的，"未有物，而已有物之理"。理学家们轻视科学技术，认为历算、医学等"皆技也"，"故前圣不以为教，盖吝之也"。在理学家看来，连一向受人尊重的文史都不足贵，数学更不在话下了。李焘曾公开反对国家设立算学馆，说"将来建学之后，养士设科，徒有烦费，实于国事无补"。1235年，蒙古统治者从南宋得到程朱之书，1238年建太极书院于燕京（今北京），请理学家赵复讲学，理学逐渐在北方流传开来，朱熹也被尊为"朱子"。许多士大夫受理学影响，轻视数学，称为"九九贱技"，认为它无补仕途。李冶进行数学研究的时候，也曾受到一些人的嘲笑。但李冶对朱熹的学说却不迷信，说其"窒碍之处亦不可以毛举也"。他在驳斥那种视数学为"九九贱技"的观点时说："由技兼于事者言之，夷之礼，夔之乐，亦不免为一技。由技进乎道者言之，石之斤，扁之轮，非圣人之所与乎？"[1] 这段话的意思是：从技艺用于实际来说，圣人所作的礼和乐也可以看作一种技艺；从道寓于技艺来说，工匠所使用的工具也是圣人所赞赏的。如果我们把李冶的话同庄子所说的"道之所在，圣人尊之"联系起来，李冶受庄子思想的影响是一目了然的。很明显，李冶认为数学这种技艺也是"道之所在"，也应受到尊重。他充分认识到数学的用处，说数学"施之人事，则最为切务"，这便是他坚持数学研究的指导思想。李冶这种"技兼于事"的观点，可能直接取自《庄子》，该书中明确指出："上治人者，事也；能有所艺者，技也。技兼于事……"

李冶还认为，数虽奥妙无穷，却是可以认识的。他说："谓数为难穷，斯可；谓数为不可穷，斯不可。何则？彼其冥冥之中，固有昭昭者存。"这一思想也可以从庄子学说中找到渊源。庄子在《知北游》中说："夫昭昭生于冥冥，有伦生于无形……"李冶便是把庄子这一思想用于数学的。李冶认为，数来源于自然，所谓"昭昭

---

[1] 夷，黄帝臣名；夔，舜臣名。石、斤，均为古工匠名。

者",乃是数中的"自然之理","苟能推自然之理,以明自然之数,则虽远而乾端坤倪,幽而神情鬼状,未有不合者矣"。

三、天元术的代表作——《测圆海镜》

李冶的数学研究是以天元术为主攻方向的。这时天元术虽已产生,但还不成熟,就像一棵小树一样,需要人精心培植。李冶用自己的辛勤劳动,使它成长为一棵枝叶繁茂的大树。

天元术是一种用数学符号列方程的方法,"立天元一"是其重要标志,"立天元一为某某"与今"设某某为 x"是一致的。在中国,列方程的思想可追溯到汉代的《九章算术》,书中用文字叙述的方法建立了二次方程,但没有明确的未知数概念。到唐代,王孝通已经能列出三次方程,但仍是用文字叙述的,而且尚未掌握列方程的一般方法,所以列方程需要高度的技巧。经过北宋贾宪、刘益等人的工作,求高次方程正根的问题基本解决了。随着数学问题的日益复杂,迫切需要一种普遍的建立方程的方法,天元术便在北宋应运而生了。但直到李冶之前,天元术还是比较幼稚的,记号混乱、复杂,演算烦琐。例如李冶在东平(今山东省东平县)得到的一本讲天元术的算书中,还不懂得用统一符号表示未知数的不同次幂,它"以十九字识其上下层,曰仙、明、霄、汉、垒、层、高、上、天、人、地、下、低、减、落、逝、泉、暗、鬼"。这就是说,以"人"字表示常数,"人"以上九字表示未知数的各正数次幂(最高为九次),"人"以下九字表示未知数的各负数次幂(最低也是九次),其运算之繁可见一斑。从稍早于《测圆海镜》的《钤经》等书来看,天元术的作用还十分有限，因为数学家们的思维方法基本上是几何的，只是在用几何方法无法计算时，才偶尔用一下天元术。李冶决心在前人的基础上，创造一种简便而实用的天元术。当时，北方出现了不少算书，除《钤经》外，还有《照胆》《如积释锁》《复轨》等，这无疑为李冶的数学研究提供了条件。特别值得一提的是，他在桐川得到了洞渊[1]的一部算书，内有九容之说，专讲勾股容圆（切圆）问题。此书对他启发甚大。为了能全面、深入地研究天元术，李冶把勾股容圆问题作为一个系统来研究。他讨论了在各种条件下用天元术求圆径的问题，写成代数名著——《测圆海镜》十二卷，这是他一生中的最大成就。

《测圆海镜》一书，是李冶在极其艰苦的条件下写成的。他在桐川著书时，不仅居室十分狭小，而且常常不得温饱，要为衣食而奔波。但他却以著书为乐，从不间断自己的工作。据《真定府志》记载，李冶"聚书环堵[2]，人所不堪"，但却"处之裕如也"。他的学生焦养直说他"虽饥寒不能自存，亦不恤也"，在"流离顿挫"中"亦未尝一日废其业"，"手不停披，口不绝诵，如是者几五十年"。

有时候为了筹集一点科研和生活的费用，李冶不得不求助于人。李冶这样做，是很不情愿的。他在读了"纳纸投名愧已深，更教门外久沈吟"两句诗以后，曾感慨地说："投谒固可耻，然士当穷困，摇尾乞怜于人，亦可悯也。"不过，一些开明的官吏和名儒

---

1 据李迪先生考证，洞渊为北宋处州（今浙江省丽水市）的洞渊大师李思聪。

2 堵，墙壁度量单位，长、高各一丈为一堵，环堵即四面是长、高各一丈的墙。

还是很赏识他的学问的，如聂珪、张德辉、王鹗等，都曾给予他不同程度的帮助。

经过多年的艰苦奋斗，李冶的《测圆海镜》终于在1248年完稿。全书基本上是一个演绎体系，卷一包含了解题所需的定义、定理、公式，后面各卷问题的解法均可在此基础上以天元术为工具推导出来。李冶之前的算书，一般采取问题集的形式，各章（卷）内容大体上平列。李冶以演绎法著书，这是中国数学史上的一个进步。但《测圆海镜》的主要价值，还在天元术方面。它是我国现存最早的一部系统讲述天元术的著作，所以是非常宝贵的。

李冶的天元术分为三步：首先"立天元一"，这相当于设未知数 x；然后寻找两个等值的而且至少有一个含天元（即 x）的多项式；最后把两个多项式联为方程，通过相消，化成标准形式：

$$a_nx^n+a_{n-1}x^{n-1}+\cdots+a_1x+a_0=0$$

李冶把方程式称为天元式，在《测圆海镜》中采用由高次幂到低次幂上下排列的顺序，式中只标"元"或"太"一个字，"元"代表一次项，"太"代表常数项，负系数则加一斜线，0系数则标一"〇"字。例如 $-x^2+320x-132800+13056000x^{-1}=0$ 和 $-414x^2+478584=0$ 分别写成图1和图2的形式（图中的记数符

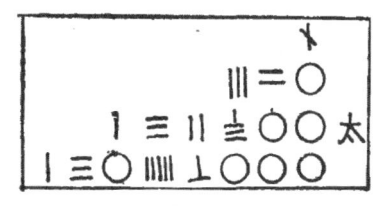

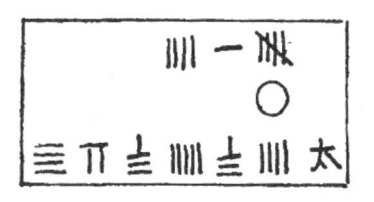

图1

图2

号叫筹码，有两种形式，丨 丨丨 丨丨丨 丨丨丨丨 丨丨丨丨丨 丅 丅丅 丅丅丅 丅丅丅丅 叫竖式，一 二 三 三 三 ⊥ ⊥ ⊥ ⊥ 叫横式，分别表示1、2、3、4、5、6、7、8、9，使用时纵横相间）。

《测圆海镜》卷一的圆城图式是全书出发点，书中170题都和这一图式有关。为了讨论问题方便，我们在各勾股形的直角顶点处标上数字（见图3）。卷一的另一部分"识别杂记"，阐明了各勾股形边长之间的关系以及它们与圆径的关系。"识别杂记"共600余条，每条可看作一个定理（或公式），这部分内容是对中国古代关于勾股容圆问题的总结，其中最重要的是下面10个圆径公式，可称基本公式：（D表圆径，r表半径，a、b、c分别表示勾、股、弦[1]）

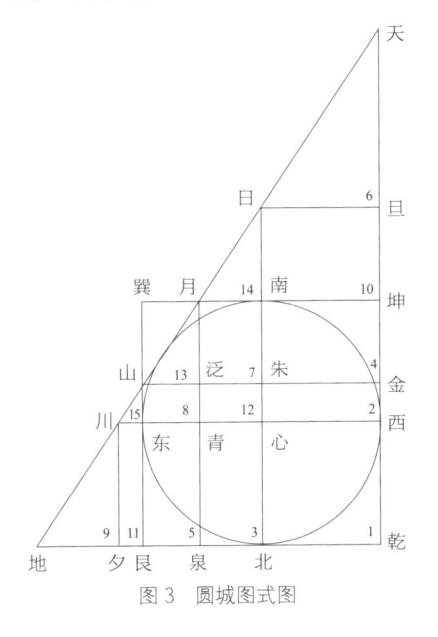

图3 圆城图式图

---

[1] 勾为短直角边，股为长直角边，弦为斜边。

（1）$\dfrac{1}{2}D^2 = a_{11} \times b_{10}$ （2）$\dfrac{1}{2}D^2 = a_{10} \times b_{11}$

（3）$\dfrac{1}{2}D^2 = a_{13} \times b_1$ （4）$\dfrac{1}{2}D^2 = b_{13} \times a_1$

（5）$r^2 = b_2 \times b_{15}$ （6）$r^2 = a_{14} \times a_3$

（7）$D^2 = b_4 \times a_5$ （8）$r^2 = b_7 \times a_8$

（9）$r^2 = (c_{14} + b_{14})(c_{15} + a_{15})$ （10）$r^2 = (c_{14} + a_{14})(c_{15} + b_{15})$

卷二及以后各卷都是算题，有些题也可称为公式。卷二的前10题便是已知三角形三边求内切圆或旁切圆直径的10个公式，如 $D = \dfrac{2a_1 b_1}{a_1 + b_1 + c_1}$ 是求内切圆径的，称为勾股容圆；$D = \dfrac{2a_2 b_2}{b_2 + c_2}$ 是求与股、弦相切而圆心在勾上之圆径的，称为勾上容圆；等等。

下面，我们以卷四第六问为例，说明李冶怎样用天元术解题。左边是原文，右边是译文。（原草为一整段，这里为叙述方便，分成若干段）

或问：乙出东门，南行不知步数而立。甲出北门，东行二百步望见乙，复就乙斜行一百七十步与乙相会。问答同前。

已知：$a_3 = 200$

$c_{11} = 170$

求：D

草曰：(1) 识别得二行相减，余三十步，即乙出东门南行步也。

由识别杂记，得
$b_{15}=a_3-c_{11}=30$

(2) 立天元一以为半城径。

设半城径为 x

(3) 加乙南行，得 [图]，为小股。

$b_{11}=x+b_{15}=x+30$

(4) 副置甲东行步，上位减天元，得下式 [图]，为小勾。

$a_{11}=a_3-x=200-x$

(5) 下位加天元，得 [图]，为大勾也。

$a_1=a_3+x=200+x$

(6) 乃置大勾，以小股乘之，得下式 [图]，合以小勾除，不受除，便以此为大股。(内带小勾分母)

$\because \triangle_1 \sim \triangle_{11}$

$\therefore b_1 = \dfrac{a_1 \times b_{11}}{a_{11}}$

$= \dfrac{x^2+230x+6000}{200-x}$

(7) 又倍天元，以小勾乘之，得 [图]，

$2b_{10}$

$=2(b_1-2x)$

以减于大股，得 ▢，

又倍之，得 ▢，

为两个股圆差。

（8）合以勾圆差乘之，缘为其中已带小勾分母，更不须乘，便以此为黄方（圆径）幂（更无分母），寄左。

（9）然后倍天元，以自之得，为同数，与左相消，得 ▢。

（10）上下俱半之，得 ▢。

（11）以平方开之，得一百二十步，倍之即圆径也，合问。

$= \dfrac{2\left[x^2+230x+6000-2x(200-x)\right]}{200-x}$

$= \dfrac{6x^2-340x+12000}{200-x}$

$\because \dfrac{1}{2}D^2 = b_{10} \times a_{11}$

[基本公式（1）]

$\therefore D^2 = 2b_{10} \times a_{11}$
$\quad = 6x^2-340x+12000$

$\because D^2 = (2x)^2 = 4x^2$

$\therefore 4x^2 = 6x^2-340x+12000$

移项，合并同类项，得

$2x^2-340x+12000=0$

化简，得

$x^2-170x+6000=0$

解方程，得

$x=120$

$\therefore D=2\times120=240$

在我国的代数发展史上，《测圆海镜》是一部十分重要的著作。在宋代以前，我国的方程理论一直受几何思维的束缚，如常数项只能为正，因为常数项通常是表示面积、体积等几何量的；方程次数不高于三次，因为高于三次的方程就难于找到几何解释了。北宋刘益和南宋秦九韶研究过三次以上的方程，但他们不懂天元术，而且都认为方程的实（常数项）必须是正数。因此，秦九韶把实与含未知数的项放在方程一边时，就规定"实常为负"了。天元术的产生，标志着方程理论有了独立于几何的倾向，李冶对天元术的总结与提高，则使方程理论基本上摆脱了几何思维的束缚。李冶认识到代数计算可以不依赖于几何，方程的二次项不一定表示面积，三次项也不一定表示体积。李冶在《测圆海镜》中改变了传统的把实看作正数的观念，常数项可正可负，而不再拘泥于它的几何意义。例如卷六第四问的方程：

$$-x^2-72x+23040=0$$

和第七问的方程：

$$-x^2+640x-96000=0$$

其常数项符号便不同。李冶还根据题目需要，多次列出高次方程，而且都是用天元求解得到的。全书170题中有19题列出三次方程，13题列出四次方程，还有1题列出六次方程。除这个六次方程是为比较不同方法而列出，并非解题必需外，其他高次方程的推导都很简便，可见李冶对天元术的运用是相当纯熟的。此外，书中还出现了分式方程，并懂得用方程两边同乘一个整式的方法，化分式方程为整式方程；当方程各项含有公因子 x^n 时，李冶懂得把各项同时

降低 n 次。这些都是对我国方程理论的发展。

在《测圆海镜》中，李冶采用了从〇到九的完整数码。除〇以外的 9 个数码古已有之，是筹式[1]的反映，但筹式中遇〇空位，没有符号〇。从现存古算书来看，李冶的《测圆海镜》与秦九韶的《数书九章》是最早使用〇的两本算书，它们成书的时间相差不过一年。另外，李冶在《测圆海镜》中发明了负号和一套相当简明的小数记法。在李冶之前，小数记法离不开数名，如 7.59875 尺记作七尺五寸九分八厘七毫五丝，李冶则取消数名，完全用数码表示小数，纯小数则于个位处写〇，带小数则于个位数下写步，如 -0.4375 记作 〇⊪≡Ⅱ≣，5.76 记作 ⊪⊥⊤，画在最后一位有效数字上的斜线是负号。这些记法在当时算是最先进的了。西方直到 16 世纪，对小数的记法还很笨重，例如比利时数学家斯提文在 1585 年出版的著作中，仍把每位小数都写上位数，加上圆圈，如 27.847 写作 27◎8①4②7③，这种记法显然不如李冶的记法简便。直到 17 世纪纳贝尔发明小数点后，小数才有了更好的记法。至于负号，在国外是德国人于 15 世纪首先引入的。

由于李冶掌握了一套完整的数字符号及性质符号，他的方程便可以用符号表示，从而改变了用文字描述方程的旧面貌。但这时仍缺少运算符号，尤其是缺少等号。这样的代数，可称为半符号代数，它是近代符号代数的前身。由于时代的局限，李冶当时只考虑方程的单根、正根，还未能考虑方程的重根、负根。大约 300 年后，

---

1 筹是古代用于计算的小竹、木棍，用筹摆的算式称筹式。

类似的半符号代数也在欧洲产生了。

《测圆海镜》的成书标志着天元术成熟，它无疑是当时世界上第一流的数学著作，但在中国却没有引起重视。对于这一点，李冶是早就料到的，他在《测圆海镜》序中说："览吾之编，察吾苦心，其悯我者当百数，其笑我者当千数。"但他接着又说："乃若吾之所得则自得焉耳，宁复为人悯笑计哉？"表达了他坚持真理、不屈不挠的精神。实际上，《测圆海镜》一书直到李冶死后才得以出版。

对于天元术的价值，有识之士还是深深懂得的。元代王恂、郭守敬在编《授时历》的过程中，曾用天元术求周天弧度。不久，沙克什用天元术解决水利工程中的问题，收到良好效果。元代大数学家朱世杰曾说："以天元演之，明源活法，省功数倍。"清代阮元说："立天元者，自古算家之秘术；而《海镜》者，中土数学之宝书也。"这些评价并不过分，以《测圆海镜》为代表的天元术理论，对后世数学的影响确实很大。李冶死后不久，天元术理论便经过二元术、三元术迅速发展为四元术。如果说在李冶手中，天元术已成长为枝繁叶茂的大树，那么在李冶之后，这棵大树在第二代数学家的培育下，则结出了四元术的累累硕果。朱世杰的《四元玉鉴》便是四元术的代表作，它出色地解决了四元高次方程组的建立和求解问题，代表了宋元数学的最高成就。美国科学史家萨顿称赞这本书"是中国数学著作中最重要的一部，同时也是中世纪最杰出的数学著作之一"。

四、数学教育及《益古演段》

李冶写成《测圆海镜》后不久，到太原住了一段时间，藩府官员曾请他出仕，但他谢绝了。后来，他又流落到平定。平定侯聂珪很尊重他，把他接到自己的帅府来住，可能还给了他一些资助，但他却"私心眷眷于旧游之地"，怀念着自己少年求学时的元氏。到1251年，李冶的经济情况已经好转，他终于结束了在山西的避难生活，回到元氏定居。李冶在封龙山下买了一点田产，以维持生活，并开始收徒讲学，从事数学教育活动。

由于李冶的学生越来越多，家里逐渐容纳不下了。于是，乡人们便聚在一起，商议建学堂之事。封龙山中，本有北宋李昉读书堂故基，但战乱以来，废而不治，荆棘丛生，如果修整一下，让先生在这里讲学，岂不是乡里的一件美事？大家把这个想法告诉李冶，李冶十分高兴。在师生的共同努力下，讲学斋舍不久便修成了。后来被称为封龙书院，遐迩闻名。李冶在封龙书院不仅讲数学，大概也讲文学和其他知识。他呕心沥血，培养出大批人才，比较知名的有：元朝大将、中书右丞相史天泽及其子史杠、史杞，廉访使荆幼纪，集贤学士焦养直，廉访佥事张翼，翰林修撰承直郎王德渊，等等，余显"名不能悉数"。后人盛赞李冶"导掖其秀民，仁之至也。其徒卒昌于时，孰不曰文正（李冶谥号）公所作成也"。

李冶在工作之余，常与元好问、张德辉一起游封龙山。好问在数学上也是有贡献的，他曾写过一本天元术著作《如积释锁细草》，但他的成就主要在文学方面。金亡之后，好问一直没有出仕。德辉曾在史天泽手下为官，这时受忽必烈之命，提调真定学校，也是一个博学多才的学者。三人情投意合，关系最为密切，时人称为"龙山三老"。不幸的是，元好问于1257年病逝，享年

68岁。三老之中，只剩下二老了。这年，忽必烈召见金朝遗老窦默、姚枢、李俊民等多人。由于李冶在封龙山收徒讲学已久，名声渐大，忽必烈已有耳闻，便派董文用专程去请李冶，说："素闻仁卿学优才赡，潜德不耀，久欲一见，其勿他辞。"是年五月，李冶乘董文用的马车来开平（今内蒙古正蓝旗东闪电河北岸）见忽必烈，集中地表述了自己的政治见解。

忽必烈问李冶："天下当何以治之？"李冶回答说："夫治天下，难则难于登天，易则易于反掌。盖有法度则治，控名责实则治，进君子退小人则治，如是而治天下，岂不易于反掌乎？无法度则乱，有名无实则乱，进小人退君子则乱，如是而治天下，岂不难于登天乎？"他强调说："为治之道，不过立法度、正纪纲而已。纪纲者，上下相维持；法度者，赏罚示惩劝。"在谈到人才问题时，李冶说："天下未尝乏材，求则得之，舍则失之，理势然耳。"最后，他向忽必烈提出"辨奸邪、去女谒[1]、屏逸愿[2]、省刑罚、慎征讨"五条政治建议，得到忽必烈的赞赏。

李冶会见忽必烈之后，回封龙山继续讲学，并于1259年写成另一部天元术著作——《益古演段》三卷。如果说《测圆海镜》是为数学家写的，那么《益古演段》就可能是为他的学生写的。李冶深刻认识到天元术的重要性，但《测圆海镜》比较深奥，粗知数学的人看不懂。于是，他便在教学的同时，着手写了一部普及天元术的

---

[1] 女谒，指通过在宫廷受宠的女子进行请托。

[2] 愿，邪恶。

著作。李冶曾读过北宋数学家蒋周的《益古集》,内容多为二次方程,列方程的方法则是几何的。李冶用天元术对此书进行研究,于是有《益古演段》之作。李冶在序言中说:"使粗知十百者,便得入室唼其文,顾不快哉!"这便清楚地说明了他的写作目的,即让稍有数学知识的人能通过本书的学习,掌握天元术要领。

《益古演段》全书64题,处理的主要是平面图形的面积问题,所求多为圆径、方边、围长之类。除4道题是一次方程外,全是二次方程问题,内容安排基本上是从易到难。书中新、旧二术并列,新术是代数方法——天元术;旧术是几何方法——条段法,这是一种图解法,因为方程各项常用一段一段的条形面积表示,所以得名。这本书对我们了解条段法向天元术的过渡,探讨数学发展的规律有重要意义。书中常用人们易懂的几何方法对天元术进行解释,图文并茂,深入浅出,不仅利于教学,也便于自学。正如砚坚在序中的评价:"说之详,非若溟涬黯黮之不可晓;析之明,非若浅近粗俗之无足观。"这些特点,使它成为一本受人们欢迎的数学教材,对于天元术的传播发挥了不小的作用。

在数学理论上,《益古演段》也有所创新,主要表现在化多元问题为一元问题的思想以及设辅助未知数的方法。

《益古演段》中的问题与《测圆海镜》不同,所求量不是一个而是两个、三个甚至四个。按照古代方程理论,"二物者再程,三物者三程,皆如物数程之"[1](《九章算术》),应该用方程组来解,所含方

---

[1] 此处"物"即所求物,相当于未知数,"程"指方程。

程个数与题中所求量的个数一致。但通观《益古演段》，却无一个方程组。李冶在推导方程的过程中，运用传统的出入相补原理[1]及各种等量关系来减少未知数，最后只剩"天元一"，一旦这个"天元一"求出来，其他要求的量便可根据与天元一的关系，很容易地求出了。例如第 33 问：

今有圆田一段，中心有直池水占之，外计地七千三百步，只云并内池长阔少田径五十五步，阔不及长三十五步。问：三事（指池长、池阔及圆径）各多少？（见图 4）

图 4

若用方程组来解，应列三个方程，一个可能的列法是：设圆径为 x，池长为 y，池阔为 z，则

$$\begin{cases} \frac{3}{4}x^2 - yz = 7300 \\ y + z = x - 55 \\ z + 35 = y \end{cases}$$

（注：取 $\pi=3$，则直径为 D 时，圆面积 $S= \frac{3}{4}D^2$）

---

[1] 所谓出入相补原理，就是："一个平面图形从一处移置他处，面积不变。又若把图形分割成若干块，那么各部分面积的和等于原来图形的面积，因而图形移置前后诸面积间的和、差有简单的相等关系。"（吴文俊语）

但李冶却设法避免了联立方程。下面，我们按李冶方法演算：

设外圆径为 x，则外圆积 $=0.75x^2$

内池积 $=0.75x^2-7300$

四池积 $=3x^2-29200$ （1）

∵ 池长阔和 $=x-55$

∴ 四池一较（此处的"较"指长方形长阔之差）幂 $=(x-55)^2=x^2-110x+3025$ （2）

四池积 $=x^2-110x+3025-35^2=x^2-110x+1800$ （3）

由（1）、（3）消，得 $2x^2+110x-31000=0$

显然，（2）式中用 $(x-55)^2$（即长阔之和的平方）表示四池一较幂，便是巧妙地运用了出入相补原理。这相当于 $(a+b)^2=4ab+(a-b)^2$，从图 5（原"条段图"）可以看到这一点，用代数方法也很容易验证，只要按二项式定理把左右两边展开即可。当 $a+b$（长阔和）与 $a-b$（长阔差，即较幂）已知时，$4ab$（四池积）当然很好求。另外，图 5 还表现了化圆为方的思想。$4\times\dfrac{3}{4}x^2=3x^2$ 表示四个圆面积，但它相当于三个"径方"，即三个以径 x 为边长的正方形面积。图 5 清楚地表明

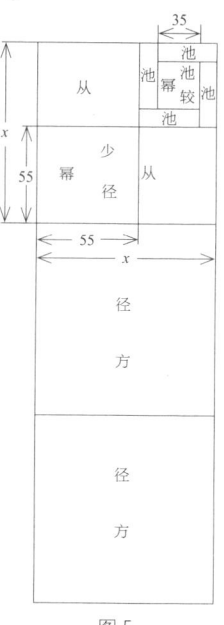

图 5
（图中"从"指一项，数码是后加的）

方程各项的关系，见下式

$$3x^2-x^2+2\times 55x-55^2+35^2=29200$$

$\underbrace{}_{\text{两个径方}}$ $\underbrace{}_{\text{从}}$ $\underbrace{}_{\text{少径幂}}$ $\underbrace{}_{\text{池较幂}}$ $\underbrace{}_{\text{四圆减四池}}$

求出圆径 x 后，直池长阔便容易求了，"内减少径，即水池和步。内加一差，即为二长；若减一差，即为二阔也"。

《益古演段》中的设辅助未知数方法，出现在第40问。在得到方程

$$-22.5x^2-648x+23002=0$$

后，李冶为了使最高项系数的绝对值变为1，便作如下的变形（译为今文）：

设 $y=22.5x$，则上式变为

$-y^2-648y+517545=0$

开方得 $y=465$

$\therefore x=20\dfrac{2}{3}$

李冶把这种设辅助未知数的方法称为"连枝同体术"，顾名思义，他大概是把辅助未知数看作与原方程连为一体的一个分枝。这种方法在代数史上是有意义的，因为它提供了方程变形的一个得力工具。

《益古演段》的成书，为天元术的应用开辟了更为广阔的道路。砚坚称赞此书说："颇晓十百，披而览之，如登坦途，前无滞碍。旁蹊曲径，自可纵横而通……真学者之指南也。"

五、李冶晚年的活动

1260年，忽必烈即皇帝位，第二年七月建翰林国史院于开平，并向李冶发出聘请，许以清高而显要的工作——翰林学士知制诰同修国史。李冶虽被聘至京（开平），但却以老病为辞，婉言谢绝了。

李冶为什么要拒绝忽必烈的聘请？从时代背景及李冶的思想分析，有两个原因。第一，李冶在会见忽必烈时，曾诚恳地劝蒙古统治者"慎征讨"，但四个月后，蒙哥便率领大军，出师南征，企图灭宋。1258年年初，蒙古军队大规模攻入南宋，忽必烈亲自率军攻打鄂州（今武汉市武昌区）。对这种"伐人之国"的战争，李冶是不赞成的。因此，对蒙古统治者的不满，可能是李冶不愿出来做官的原因之一。第二，南宋军民的奋勇抵抗，使蒙古军的进攻直到1259年夏仍无重大进展，蒙哥也死于战场。忽必烈为争夺帝位，不得不罢兵北归。他于1260年农历三月夺得帝位后，其弟阿里不哥不服，起兵反抗，蒙古统治区陷入连年的内战。忽必烈聘请李冶时，内战正在进行，行政不稳。李冶是不愿在这种动荡的局势下做官的。他曾说："世道相违，则君子隐而不仕。"这便清楚地说明他"隐而不仕"的原因。

李冶选择隐居的道路虽属不得已，但他对自己的选择还是很满意的，他说："君子之道，或出或处，然则必有道，而不肯以轻出者，谓之处士可也。中无所有，而尸处士之名者，索隐而行怪者也。"又说："身有其德而退藏于密，始得谓之隐者也。彼无一德之可取而徒穷蹙于寒乡冻谷之中，是则素隐者耳。"在李冶看来，真正的处士或隐士，也是君子，他以自己能成为这样的君子而自豪。他的隐居并非消极避世，而是积极投入讲学著书的学术活动。至元二年（1265），平定建起"四贤堂"，内置赵秉文、杨文献、元好问、李冶四公画像。发人深思的是，四公中的赵、杨、元均已去世，而李冶当时还健在。

至元二年已是忽必烈降服阿里不哥、平定蒙古内乱的第二年了，他根据王鹗、商挺的推荐，再召李冶为翰林学士知制诰同修国史。李冶勉强就职，参加修史工作。但他不久便感到翰林院里思想不自由，处处都要秉承统治者的旨意而不能畅所欲言。因此，他在这里工作一年之后便以老病辞职了。他在辞职时致书翰林院，说自己"孱资琐质"，"翰林非病叟所处，宠禄非庸夫所食"。其实，这不过是他的婉言推托之词。李冶接着说："官谤可畏。"这四个字才道出了他辞职的真实动机。李冶是个追求思想自由的人，尤其不愿在学术上唯命是从。在《泛说》中，他把自己当时的思想写得更为具体："翰林视草，惟天子命之；史馆秉笔，以宰相监之。特书佐之流，有司之事耳，非作者所敢自专而非非是是也。今者犹以翰林、史馆为高选，是工谀誉而善缘饰者为高选也。吾恐识者羞之。"

李冶提出辞职后，世祖并未强留。蒙古官员中，有人对他这种举动还颇为赞赏。李冶走时，光禄大夫耶律铸赋诗相送："一代文章老，素车归故山。露浓山月净，荷老野塘寒。茅屋已知足，布衣甘分闲。世人学不得，须信《古今黈》。"（《送李敬斋行》）这里的《古今黈》，是指李冶的《敬斋古今黈》一书，后来，李冶把书名改为"敬斋古今黈"。黈是黄色的意思，古时"黈"字与"纩"（绵絮）字联用，黈纩即黄绵。黈纩充耳，表示不听无益之言。李冶以"黈"名书，便表现了他独立思考的精神。

李冶晚年完成的《敬斋古今黈》与《泛说》是两部内容丰富的著作，是他积多年笔记而成的。《泛说》一书今已不存，根据《元朝名臣事略》中的几段引文及书名来看，这是一本随感录，记录李冶对各种事物的见解。《敬斋古今黈》则是一本读书笔记，形式与沈括《梦溪笔谈》相近，内容遍及文学、历史、数学、哲学和医学，尤其是在文史方面有不少独到见解。后人评论《敬斋古今黈》说："上下千古，博极群书。""以考证佐其议论，词锋骏利，博辨不穷。"另外，李冶作过不少诗，其中有五首保存在《元诗选·癸集》中。从这些诗来看，李冶的文学造诣相当深。李冶还著有《文集》四十卷与《壁书丛削》十二卷。但这两本书已佚，内容不详，估计《文集》是一部文学著作。

李冶辞职后一直在封龙山下讲学著书，颇受人们尊敬。张之翰曾为其作诗祝寿："学海波澜接性天，两朝谁不让文权？四贤堂上无余子，三老山中只此仙。身健宛如辞院日，眼明重见渡江年。天教上寿非无意，混一车书要正传。"

李冶一生著作虽多，但他最得意的还是《测圆海镜》，他在弥留之际曾对儿子克修说："吾平生著述，死后可尽燔去，独《测圆海镜》一书，虽九九小数，吾尝精思致力焉，后世必有知者。庶可布广垂永乎?"

至元十六年(1279),李冶病逝于元氏,享年88岁。后人盖棺论定,对李冶有公正的评价:"金亡北渡,讲学著书,秘演算术,独能以道德文章确然自守,至老不衰。"在中国科学史上,李冶确实不愧为一代楷模。几百年来,他以自己优良的人品和卓越的学术成就,被人们深深怀念着。

(作者:孔国平)

徐霞客

明代伟大的地理学家

徐霞客

（1587—1641）

徐霞客，名弘祖，字振之，生于明万历十四年十一月（1587年1月），卒于崇祯十四年（1641）。他平生眷恋山水间，不畏艰险、不避寒暑、不求名利、行误不悔、途穷不忧、百折不回地跋涉数万里，前后以三十余年的时间，游历考察于大自然，并以日记体裁写成《徐霞客游记》。他游踪往来飘忽如云霞，因此友人给他取号霞逸和霞客，而以霞客闻名于海内。人们读其书、视其人，无不叹为观止，称为"奇人奇书""奇男子"。他实是我国杰出的地理学家，成就卓著，曾达到了当时世界地理科学的先进水平。

一、天下奇人癖爱山，自表五岭之霞客

徐霞客生活于晚明时期。一方面，当时封建统治者强化了特务统治和思想专制，政治非常黑暗。另一方面，明代商业贸易已经有了相当的发展，徐霞客的家乡江阴，属于苏州府，为明代资本主义经济萌芽的鼎盛地区之一，是新兴的棉织业中心。它和徐霞客的家庭经济生活关系密切。

徐霞客的高祖曾拥有田地4万余亩，是一个大地主。百余年后到了徐霞客父亲徐有勉时，则是以"布衣发家致富"的。其母王孺人，"好率婢子鸣机杼""喜种豆，满架蔓施""豆之下，纬车轧然；其织布也，与缣讼价，缣反输其轻妙"。徐霞客家里有织布女

工，织的布是拿到市场上卖的，而且产品在纺织业中心的苏州府也有特色和名气，被称为"轻弱如蝉翼，市者辄能辨识之"。可以估计他家纺织的规模不会太小，所以徐霞客的家庭出身应是工商地主，发家致富与王孺人的勤俭和操持织布业有关。其父徐有勉，"好木石，为园以自隐"，"园亭水木之乐甚适也"，"或讽之仕，掉头不答也"。其父具有爱好自然的情趣和自由潇洒的性格，而"厌冠盖征逐之交"。晚年秦中丞来拜访，"乃深匿丛竹中，俄而扁舟入太湖遁矣"。暇日，带领着三五个家僮，"具笋舆、叶艇"，往来虎丘、龙井间，采摘些新茶，品味着清泉，在风景区游览，岸然旁若无人。其母王孺人不迷信，善良而又富有同情心，"见巫觋如见鬼仇，见饿人如见儿女，子之啼切者，必饱之乃快"。她种豆有很高的园艺技巧，"绞绳插架""剪芸疏溉，如奉名花，场圃洁拭"。徐霞客自幼善于观察自然，喜游山水名胜，多识鸟兽、虫鱼、草木之名，有良好的博物学训练，以及不务虚名、不入仕途的情趣，这都与家庭影响分不开。

幼年时期的徐霞客，"修干瑞眉，双颅峰起，绿睛炯炯"，是个聪明伶俐的孩子。"童时出就师塾，矢口即成诵，搦管即成章。"少年时便"特好奇书，侈博览古今史籍及舆地志、山海图经，以及一切冲举高蹈之迹"。他如痴如醉地读着这些书，常常眉飞色舞，"神栩栩动"。日子长了，读的书越来越多，以致"尽发先世藏书"，又尽力"鬻未见书"，藏书达"缣缃充栋"。他对于应科举的八股文之类，则"雅非其所好"。他特别有兴趣的是历史地理、碑刻及自然科学类的书籍，"搜古人逸事与丹台石室之藏，靡不旁览"，对其内容更是"叩如探囊",非常熟悉。在少年时期,周围的亲戚朋友已佩服他好学多知,称他为"目空万卷"的"博雅君子"。父亲对儿子的好学非常欣慰,常常说:"是儿眉庭霞起,读书好客,可以竟吾志,不愿而富贵也。"

在家庭环境和大量新奇书籍的影响下,徐霞客自幼就非常羡慕历史上周览九州、踏遍五岳的旅行家,觉得人生要像他们那样才有意义,因而产生了旅行的愿望。他曾抚掌而叹,说:"丈夫当朝碧海而暮苍梧。"人生怎么能始终局限在一个小角落里呢?后来当他38岁(1623)游览河南嵩山的时候也回忆说:"我少年时期就立下了游览五岳名山的志愿,对于五岳之一的嵩山,仰慕的心情尤其迫切!"

到了十八九岁时,父亲徐有勉"自负亢直,齮齕于群豪,病气厥,病舌"。丁文江先生认为:"其父以布衣起家致富,故为群豪所欺也。"今天看来,这很可能是新兴的资本主义经济萌芽与封建专制主义压迫之间的矛盾,其父耿直不屈,以致气病中风,经王孺人、徐霞客等精心医治和护理,方才脱离危险。一年之后,又"被盗困疾卒"。父亲"大故","毕力葬后,外侮迭来",年轻的徐霞客又经历了一场严峻的磨炼。是什么样的"外侮",以及如何"迭来"?由于今有史料语焉不详,目前无法查考。只是这一波折使徐霞客在选择人生道路的问题上,进一步有了坚定的信念,即"愈复厌弃尘俗",而"欲问奇于名山大川",也即促使他走一条不考科举、不入仕途、绝弃功名利禄的道路,立志把精力和才华贡献给探索自然奥秘、认识山川面貌的高尚事业。

树立了这一人生志愿,但要实现起来并不是那么容易的,事业和家庭生活会产生矛盾。主要是徐母年事已高,那时又有"父母在,不远游,游必有方"的孝养父母传统。徐霞客眷恋着母子之间的菽水温情,对远游颇感踌躇。起初,他是闻奇必探,见险必涉,有一日忽然仰天而叹,道:"孝子不登高、不临渊。聂政说:'老母在,政身未敢许人也!'而我现在却许身于穿崖断壑之间,何益?"于是回到家中,解下行装,悄悄地将采集来的"冷云怪石"及"记"和"诗"也收放起来,意即在家孝养母亲,不再出游。徐母看出儿子的心思,笑着说:"儿呵!你的身体好吗?我贸布以易粮,摘豆给你佐酒,孙孙在旁覆诵句读以挑汝欢。我们母子还有什么不满足的呢?"母亲珍怜儿子负有奇绝的才华,不能让他就这样囿于狭小天地而浪费青春,毅然鼓励儿子说:"好男儿志在四方。你不要被'父母在,不远游'的信条所束缚,只要依照出游路程的远近,定期往还,我也就放心了。岂能为我而使你成为笼中鸟、辕下驹,坐困于家中不能展志呢?"于是令徐霞客周览名山大川,去穷天地之际,有以自广。她还为儿子制远游冠,以壮行色,并嘱咐说:"你游览名胜归来,作好记录,袖图一一示我。"徐霞客每次旅行归家,谈及天地之广大,山川流峙之奇险,风土人情和各地习俗的有趣以及旅途中缘崖梯磴的冒险,令人瞠目、缩舌、骇汗的经历,母亲听了之后,反而很高兴,亲手"煮蒲烹茗",笑着说:"你辛苦了,你的经历、见闻和勇敢,真不愧于做一个男子汉大丈夫!"为了进一步打消儿子远游的顾虑,她以73岁的高龄还和儿子一起游了荆溪的张公、善卷二洞。她总是走在儿子的前面以表示自己的身体还强健,好让儿子放心前去游览。徐霞客得到母亲的有力支持和鼓励,"蹇卫芒鞋,探幽凌险……自此遂无停辙矣"。

二、千山为貌隐千水,为探幽奇万里行

徐霞客实现了自己的夙愿,自由地遨游于千山万水之中。他一次又一次出游,搜奇访胜、观察记录,计划越来越宏伟,行程也越来越长。他积累的地理新认识越多,游兴也越浓,地理科学思想更趋成熟。

22岁(1607),他始泛舟太湖,登眺东西洞庭两山,访先贤遗迹。24岁(1609)历齐、鲁、燕、冀间,上泰岱,拜孔陵,谒孟庙,访三迁故里。28岁(1613),先入浙江由绍兴至宁波,然后渡海游落迦山,回来又登天台华顶之巅,经雁荡,涉龙湫,看石门迁都。今从所留下的游记来看,他28岁左右,观察自然的敏锐、描述自然的能力等野外考察训练已日趋成熟和定型了。29岁(1614),游秣陵四郡,六朝佳丽地,览二十四桥明月、三十六曲浊河。第二年春,自浙入皖为黄山、白岳游。夏入武夷,经崇安、九溪,登天游峰至九曲。回来的路上,一观禹陵,系缆西子湖。33岁(1618)登汉阳庐山最高处而望五老峰,曾至九江,易小舟过鄱阳湖,旋再游黄山。早期徐霞客的旅行考察,从个人的兴趣出发,以搜奇访胜为主,所去的地方,重点是天下名胜地,有时结有旅伴,到奇险处多只身遨游,具备浪漫的色彩和探险精神。他用异常敏锐的观察与简洁明畅的文字,忠实地描绘自然界的本来面目。青年时期的他,在地理科学领域中,已展现出拓荒者的才能与勇气。

35岁（1620）从浙江溯钱塘而上，逾仙霞岭入闽至江郎山，达仙游县的九鲤湖而返。37岁和38岁以两年的时间，经徐州、开封、郑州、登封西入潼关，由小路行雒县之东，过武关。又由水路至龙关达金顶天柱峰。览嵩、华、玄三岳，下溯潇湘。齐州九点烟，尚隐隐入指掌间。这次远游尚未尽兴，他感叹说："此行以兵革鼎沸，草草至秦陇而归，非我志也。当此一问阆风昆仑诸遐方矣。"并提出计划说："浙、闽之游旧矣。余志在蜀之峨眉、粤之桂林，及太华、恒岳诸山。若罗浮、衡岳次也。至越之五泄、闽之九漈，又次也。然蜀、广、关中，母老道远，未能卒游；衡湘可以假道，不必专游。计其近者，莫若由江郎三石抵九漈。"39岁（1624），奉母游荆溪、勾曲。

　　自从老母病逝后，徐霞客更是以身许之山水间，"不计里程，不计日月，旅泊岩栖，游行无碍"。43岁（1628）再游闽，南至罗浮，归途又取道兴化、泉州。44岁（1629）北至北京附近的盘山和云中。47岁（1632）偕族兄仲昭再游天台、雁荡。这年的一天，陈函辉曾问徐霞客："您曾到过雁荡山的绝顶吗？"徐霞客听了很为之动色，第二天未晓，他就出发了，过了十多天归来告诉陈函辉说："我已从间道攀登上了雁荡山。上了龙湫三十里，有荡在那里，是雁居住的地方。再往上二十里，就到了山的绝顶了，那里的风很大，又很冷，有麋鹿数百为群，夜绕予宿。我住了三夜才下山。"崇祯六年（1633），他48岁。夏秋之交，他还在山西省的五台山和恒山之间，秋后回家不稍遐息即南去福建了。

　　更为难得的是51岁之后，他执行了计划多年的"万里遐征计"。

用了连续四年的时间，徒步漫游了地势复杂、气候与中原迥异、动植物丰富、风土民情富有奇趣的西南苗族等少数民族聚居地区。这些边远的西南山区，在当时中原的人们看来，是"人迹不到之境，声教难通之域"。这时他已是一个年过半百的人了，仍极人所不堪之苦，几经绝粮、遇盗、僧死、仆逃等种种打击，但他仍雄心勃勃、壮志不衰，怀着"吾荷一锸来，何处不可埋吾骨耶"的决心，继续探索，勇往向前。

1638年5月，他进入到云南境内。为了探寻南、北盘江的发源地，他曾往还于云贵边境。此后，他先后到过滇东的曲靖、沾益、越州、陆凉、罗平、师宗、马龙，滇东南的石屏、临安、黄草坝（在临安探了颜洞），滇中的昆明、嵩盟、晋宁、安宁、富民、楚雄等地，滇西的大理、剑川、洱源、漾鼻和滇西北的丽江、中甸等地，滇西南的永昌、腾越、顺宁、云州，最后重上大理宾川的鸡足山。之后得病，丽江土司木增"为饬舆从送归"，"遂得生还"。抱病到家后，卧床不起，在临终前的半年多时间里，"不能肃客，惟置怪石于榻前，摩挲相对，不问家事"。临终之前，长叹说："修短数也！此缺陷界中，复何问迷阳却曲？"就这样，一代奇人面对着毕生采集来的标本（怪石）和数量巨大的野外记录（游记），没有来得及整理和进一步研究，怀着对宇宙、自然、人生的许多不解之谜，未竟其志就与世长辞了。

徐霞客的旅行，清初顾炎武的弟子潘次耕总结得最为公允与正确，说："先审视山脉如何去来，水脉如何分合，既得大势，然后一丘一壑，支搜节讨"，"途穷不忧，行误不悔……不避风雨，不惮虎狼，不计程期，不求伴侣。以性灵游，以躯命游。亘古以来，一人而已！"说他的著作"未尝刻画为文，而天趣旁流，自然奇警"，"向来山经地志之误，厘正无遗"。

三、庸俗无足谈，贤者何不扩

"庸俗无足谈，贤者何不扩"这两句诗，是徐霞客一生中最要好的朋友黄道周赠给他的《五言古风四首》中的诗句，它鲜明地刻画了徐霞客在社会交游上的准则。现在，我们可以从徐霞客的社会交游上进一步了解他的生平活动及取得学术成就的社会原因。

虽然徐霞客"不屑谒豪贵、博名高"，"遇冠盖必避"，但他自幼喜欢交友，"性又好奇人"，"遇酒人词客与亲故过从，觞咏流连，动辄达旦。而又朝夕温温，小物克谨"。对乡亲邻里的"桑与梓，必恭敬止"。他性格鲜明、感情炽烈，对朋友"不以生死患难易心"。"有相向慕者，即草履叩扉，袖中出半刺投之。一揖登堂，便相倾倒。若赠言则受，投贶即辞，次日不告行矣。"他对朋友真诚，一见面交谈就不假矫饰、不事雕琢而淋漓尽致。当谈到地理见识时，"吐韵标新，自成一家言"，给人一种"磊落英奇"的印象。

33岁以后，他一面出游，一面不断认识许多学者与朋友。到40多岁时，他已游满天下，"所交多一时贤豪长者"了。其中对徐霞客影响最大，唯独与他互为"死生不易，割肝相示"的知友，只有一个黄道周。

黄道周也是从小喜游，8岁即登上家乡漳郡铜山深井村附近的高峰，"倚松欹石踽踽忘返"。此后更是游踪遍于祖国南北。他对自然科学还有广泛的兴趣，诸如天文、数学、历法、博物、哲学，他都有渊博的知识，被称为"闽中大师"。天启二年（1622）考中进士，官至翰林院编修。著有《三易洞玑》《文心内府》《博物会典》《太玄经》《易象》《畴象》等书。

徐霞客于1628年"尝徒步万里，访石斋（黄道周）于墓庐。石斋北上，又冲寒追及于云阳道中"。他为了见到黄道周，不惜"走万里而谒之穷山"，对于徐霞客的这一行动，"自世俗观之，则几于嗜痂之癖矣"。他们在一起议论政局、品评学问、诗词答赠，对宇宙、人生、社会以及当时地学、自然科学的发展方向等许多问题进行了广泛的交谈与讨论，彼此从中产生了敬慕之感，结为知交。徐霞客交游几遍天下名流，唯独最为推崇黄道周为唯一至人。1640年年底，徐霞客重病临危，当时黄道周因忤逆崇祯帝被廷杖下狱。徐霞客派大儿子带了寒衣到京探望，三月而返，具述石斋讼系状。徐霞客听了之后，据床浩叹，说："此缺陷界中，复何问迷阳却曲？"于是不食数日而卒。徐霞客对黄道周的友谊，至死湛然不乱。其后黄道周出狱，亲到徐家奠祭。留下《挽徐霞客》诗说："知我未凋犹强饭，闻君临萎遂推篷。十洲五岳齐挥泪，屐齿无因共数峰。"

今天所保留下来的黄道周给徐霞客的《五言古风四首》诗，在末尾特意嘱托说："聊存远证，幸为藏拙，并以覆浆，不作灯纸也。"可见，这四首古风诗是黄、徐之间深深真情的吐露。而恰巧这四首古风强烈地抨击了当时社会上的"风雅失经纬""能人滞习尚"的黑暗腐朽现实，鲜明地表现出了他们对封建专制的叛逆的政治色彩。

他们还要身体力行在意识形态领域做一些澄清是非的工作，说："斯道莽巅际，约非目所见。作者已如林，要未审正变。治乱系风教，文藻何足炫！"他们期望法制而诅咒当时言必伊周的虚伪理学，要为社会的进步而努力奋斗，说："含睇观申韩，魇语辞伊周。此论一以驰，玄风遂不酬。念昔古圣贤，舟楫常安流。"

黄道周还在《七言古一首赠徐霞客》诗中称徐霞客是"天下畸人癖爱山"，"乃欲搜剔穷真灵，不畏巉岩不避死"，赞扬了徐霞客冲破科举罗网，不像当时大多数读书人那样"书生抱膝空咿唔"而献身地理考察的壮举。

对徐霞客"万里遐征"给予有力支持的另一个朋友是陈继儒。陈继儒，字仲醇，松江华亭人，比徐霞客大了29岁。他的诗、文、书、画颇负盛名，是当时文坛上以处士而"名如雷霆""虚声朝野"的学者。他与杭州杨廷筠相得，杨廷筠官至京兆尹，尝欲推荐陈继儒，可是陈继儒绝意进取，遂不相强。徐霞客是在39岁时，由闽人王畸海介绍，认识了陈继儒的。陈继儒记述他们第一次见面时的情景说："王畸海先生携一客见访，墨颧、雪齿，长六尺，望之如枯道人，有寝处山泽间仪，而实内腴，多胆骨。与之谈，磊落嵯峨，皆奇游险绝事，其足迹半错天下矣！"他们相谈甚欢，于是陈继儒为徐霞客父母作传，并为王孺人作八十寿叙。陈继儒对后生晚辈徐霞客非常重视，准备将徐霞客的事迹写入《奇男子传》。此后，他们就成了好朋友。1628年，他们一起在青浦游玩过，又在8年之后（1636），徐霞客"万里遐征"之初，去佘山拜访陈继儒，此时徐霞客已51岁，陈继儒已80岁高龄了。徐霞客记录这次会面说："眉公远望客至，先趋避。询知余，复出。挽手入林，饮至深夜。"这一次陈继儒写介绍信让他认识了云南丽江的土司木增和鸡足山的僧人弘辩、安仁，并先寄书给云南晋宁的唐泰（即大来，削发后的担当和尚）。徐霞客一路上千辛万苦到云南时，"囊已罄，道路不前"，正在困难之中，唐泰虽然并不富裕，也欣然慷慨解囊。陈继儒的周挚情谊，唐泰的非亲非故，一见面即慷慨解囊，这都是因为支持徐霞客所从事的高尚事业。关于慷慨支援徐霞客的事迹，只要细读《徐霞客游记》，就会发现还有不少。从这一意义上来说，徐霞客地理科学成就的取得也是具有社会意义的。

徐霞客把访鸡足山作为主要目标之一，这是为什么呢？当时许多进步的思想家，诸如紫柏和尚、李卓吾、罗近溪、李中溪，以及稍后的唐泰、木增、钱邦芑（大错和尚）、方以智等人都曾以云南鸡足山作为学术活动的场所。徐霞客登临天下名山，多则待五六天至十余天，少则仅一两天，而他两上鸡足山，一住就是三个多月，这是和他的思想倾向、学术活动分不开的。从陈继儒所介绍的唐泰、木增和僧人弘辩、安仁，以及唐泰介绍的陶挺等人来看，他们都是王学左派也即泰州学派的学者。例如陶挺，字不退，是李贽的弟子。此外，与徐霞客交往密切的朋友，如陈继儒、陈仁锡、钱谦益、文震孟、何乔远等人都很推崇李卓吾。所以有理由说徐霞客是有可能受到李卓吾反封建礼教思想的影响，或者是与之有共鸣之处的。此外，徐霞客五下福建，当时福建也是新兴资本主义经济发展很快的地区之一，出了许多带有资本主义思想倾向的学者，徐霞客必然也会受到一定的熏陶。

徐霞客的朋友中，有许多都是东林党的重要角色。阉党阮大铖造《东林点将录》献给魏忠贤。黑名单上有36人，现已确认是徐霞客的好朋友的就有"天巧星浪子钱谦益，圣手书生文震孟，智多星缪昌期"等。徐霞客的好友高攀龙、孙慎行是东林巨子，而缪昌期、高攀龙被宦官魏忠贤害死。徐霞客的朋友林钎（字实甫）、曾楚卿（字元赞），因反对魏忠贤被削职罢官。徐霞客本人对魏忠贤集团也是深恶痛绝。如1638年，他在云南鹤庆与何公子相遇，何公子邀请他到家里去，说："家大人亦祈一见。"徐霞客后来一打听，其父叫何可及，曾依附过魏忠贤集团，于是"乃不往"。以上这些交游活动都说明了徐霞客的政治思想倾向。

徐霞客的朋友中，有不少是当时的地理学家。除黄道周之外，游踪遍于祖国各地名山的还有王思任。在地理方面王思任著有《天下名山记游》等书。关于王思任与徐霞客的交往，王思任记录说："余邂逅徐仲子，一接谈而神与陆吾俱邈矣！"王思任问起徐霞客山川地理的事，徐霞客的回答是："盖叩之若钟，谈之若毂，应声辄对，锋出而莫能穷也。"徐霞客给王思任的印象是："其人身体发肤，笑谈举止，皆冷云颢气，濯灵充秀者，绝无纤尘。"当王思任问起徐霞客的母亲时，"弘祖泪下，至不能胜扶"。徐霞客的朋友中，还有著《蜀中广记》《蜀中名胜记》的曹学佺。曹学佺的游踪很广，有不少游记都流传到今天。陈函辉，字木叔，是黄道周的弟子，为徐霞客写过墓志铭。陈函辉协助陈组绶编写过大部头的地理著作《皇明职方地图》。张燮，字绍和，著有地理著作《东西洋考》。

徐霞客在与这些朋友的相交中，切磋琢磨，打开了眼界，学术思想有了重要发展。他后期的旅行考察已不是单纯地从兴趣出发了，而是把个人的兴趣汇入到社会的学术活动中去，用考察的新认识，力图开创新的地理科学方向与创立新的研究方法。徐霞客学术思想的这一升华，是与他的社会交游分不开的，是与资本主义经济萌芽这一社会基础与社会需要分不开的。

四、乃欲搜奇写真灵

地理学是世界上最古老的知识门类之一。在徐霞客之前，我国古代地理学曾经历了长期的发展阶段，其间曾有过若干光辉灿烂的成就。例如，春秋战国时期是我国地理学的萌芽阶段，曾出现了《山经》和《禹贡》。《山经》是自远古以来对大地面貌认识的积累，《禹贡》则是反映我国早期大一统思想的著作。它们比起古希腊、古罗马地理萌芽时期托勒密的《地理学指南》，虽然写书的目的、内容、方法都有许多不同，但中国地理学的成就，毫不逊色。

到了封建社会初期，我国出现了司马迁的《货殖列传》，它是概括当时自然地理和经济地理的著作。此后又出现了写作严谨、内容丰富的综合地理著作——郦道元的《水经注》。但在我国整个封建社会里，在地理学发展中占统治地位的是疆域沿革地理。它肇始于东汉班固的《汉书·地理志》，此后曾演化出各正史的地理志、总地志、图经志书和地方志，总称曰"舆地之学"。编纂这些书的目的是让统治阶级掌握行政区域内的疆域、建置、沿革、山川、古迹、城池、风俗、职官、名宦、人物等内容，以便进行更为有效的统治。它们多数是政府机构编修的。虽然其中也不乏优秀作品，如唐代李吉甫的《元和郡县图志》、宋代乐史的《太平寰宇记》等，但大多数编书人的地理知识来源于文字资料，对亲身的地理考察并没有足够重视。其指导思想又以儒家经典为神圣，尤其到了封建社会晚期，地理学几乎降到了仆从地位，这就大大阻碍了地理科学的发展。

其间，虽然也有像沈括、范成大等博物学家对若干自然现象进行了仔细观察，并得到了一些科学的结论，对地理学的发展有较大的贡献，但是他们始终没有提出改造传统舆地之学的设想，或者表述过这种愿望。在中国的历史上也不乏伟大的旅行家，例如西汉的张骞以政治和军事的目的出使西域，东晋的法显、唐初的玄奘为宗教的原因远游印度，明初的郑和以政治、经济和军事的目的远航非洲，等等。他们的工作客观上扩展了地理的空间视野，对我国地理学是有贡献的。但他们的旅行并不像徐霞客单纯以地理考察为目的，因而他们仅仅记载天地的广大与物产的多样，并不像徐霞客深入描述地理特征。只有徐霞客"其状山也，峰峦起伏，隐跃毫端；其状水也，源流曲折，轩腾纸上；其记遐陬僻壤，则计里分疆，了如指掌；其记空谷穷岩，则奇踪胜迹，灿若列星"，"人之读之，虽越数千里之远，而知夫山之所以高、川之所以大，与夫怪木奇材、瘴风疠暑之所侵蚀，淫霖狂飓之所摧濡……无不豁然于耳目间也"。所以，徐霞客在我国地理学的发展中是有其独特之处的。尤其到了晚年，徐霞客表现出要通过地理考察，改造传统舆地之学、探索地理学发展新方向的意愿。

他用野外考察的新认识，按之图经、参之地志，对旧地理学提出了大胆的怀疑，说"山川面目，多为图经志籍所蒙"。又说"昔人志星官舆地，多以承袭附会；即江河二经，山脉三条，自记载以来，俱囿于中国一方，未测浩衍"。传统的星官舆地之书，不从实际出发，而层层相因地承袭附会，老是沿用《禹贡》以及汉儒所提出来的"江河二经，山脉三条"的陈旧说法，并总是把地理的记载局限于中原地区，对于更远的边疆就模糊不清。徐霞客对此相当不满，他力图要突破旧舆地之学的局限，改正传统的偏见与跟事实不符的附会。他要对旧的地理学来一个革新，把地面上气象万千的形态，看作一个可以直接观察和认识的实体，可以深入其中去揭开秘密。于是，他将许多传统的地理认识都放到野外考察的实践中去辨明真伪，就是圣人的经典也不例外。其中最突出的例子，是他对江源的考察。长江是我国第一大江河，它的发源问题历来引起人们的重视。《尚书》里的《禹贡》是专讲山川地理的，它成书于4000多年前的奴隶社会，在那时生产力水平低下，能有"禹贡"的认识是了不起的。可是自汉代独尊儒术以来，特别是到了宋明之际，便把《禹贡》说成是圣人的手笔，捧到了绝对尊严的神圣地位，不容怀疑，更不可能与事实印证。虽然《禹贡》里"岷山导江"的错误，早在徐霞客之前，人们就有所知。《汉书·地理志》和《水经注》里，长江的上源是绳水（金沙江），已有了正确记载，但后来的儒家学者为维护经典的神圣地位，"为圣人讳"，不去指出其错误并纠正它。博览地理书籍的徐霞客不可能没有看到《汉书·地理志》等书的记载，但他仍勇敢地"以真理驳圣经，敢言前人所不敢言者，其正名之功，诚有足多"。通过实地考察，他最后指出："第见《禹贡》岷山导江之文……乃其为害于中国之始，非其滥觞发脉之始也。"这一勇敢的行动，标志着他期望把地理学从封建理学婢女地位下解放出来的努力。把地理学建立在实地考察的基础上，"欲尽绘天下名山胜水为通志"，就为他开创系统观察自然、描述地理环境的新方向奠定了基础。

欧洲封建社会的中世纪，由于专制主义的压迫、分散的自然经济以及基督教义的统治，地理学并没有进步，而是表现出倒退的现象。只是到了18世纪末洪堡和李戴尔才奠定了近代地理学的发展。他们开创了西方系统描述与解释地理环境的方向，并找出其中的地带性规律，上升到理论的研究。他们在欧洲打破了陈腐自然观在地理学中的统治，而在中国的地理学领域中，勇敢向陈腐自然观进行挑战的正是徐霞客。他在时间上早于欧洲一至两个世纪就开始系统观察并描述地理特征了，有的还进行形态分类并初步加以解释了。从这个意义上来说，徐霞客在地理学发展史上的地位应与洪堡和李戴尔相比拟。但徐霞客比起他们二人来还缺少地理现象的数理研究（如温度、高程）和以此为据上升到规律性的探讨与理论研究。这也是东西方之间地理学发展史上的一项差异。那么，徐霞客在近代地理科学上有哪些贡献呢？今简要概括如下：

他十分留心山川形势、水道流源，纠正了一些当时传统的错误地理观念。如改正了自《禹贡》、汉儒一直到宋、明学者，论述我国"昆仑三龙"的山脉大势，都一再宣扬的"南龙濒江而东"的错误观念。徐霞客指出他们错在"亦不审大渡、金沙之界断其中也"。这是他们不知道横断山脉折而南的事实，也忽略了南岭山脉的存在。前代学者之所以产生错误，是因其"囿于中国一方"，即把视野局限在中原的行政区域之内，徐霞客西南万里之行，开阔了眼界，于是关于山脉的概念也就更加科学了。此外，他还针对儒家经典指出了长江的主源是金沙江而不是岷江，首次辨明了碧溪江是漾濞河下流，枯柯河是流入潞江而不是流入澜沧江，等等。

他在世界上最早观察和记录了基准面相同的两条河流，若源头相近，则流速与流程成反比例这一科学现象。他说："宁洋之溪，悬溜迅急，十倍建溪。盖浦城至闽安入海，八百余里；宁洋至海澄入海，止三百余里。程愈迫，则流愈急。"欧洲的河流地貌学家是到 19 世纪才认识这一科学规律的。

他对河流侵蚀原理有很敏锐的观察和正确的认识。例如，他在粤西新宁看到了"江流自南冲涌而来，狮石首扼其锐，迎流剡骨，遂成狰狞之状"，并看到了这里"不特石山最胜，而石岸尤奇。盖江流击山，山削成壁，流回沙转，云根迸出"。他还记录了"两旁石崖，水啮成矶"以及"山受啮，半剖为削崖"等流水的侵蚀与侧蚀现象，这比西方最早认识到这一原理的英国地理学家郝登早了 100 多年。

他是世界上最早的岩溶地貌考察先驱。他对我国西南岩溶地貌的类型、成因和分布进行了详细的考察与科学的记录。在岩溶类型上，他对石沟、石芽、漏斗、圆洼地、峰林、地下河等都有科学、形象的描述，有的还推测了形成的原因。例如，他记录钟乳石的成因时说："崖间有悬干虬枝为水所淋漓者，其外皆结肤为石，盖石膏日久凝胎而成。"即钟乳石和石笋是流水沉积、沉淀集中起来的。

又如，在不同类型岩溶地貌的地区分布方面，桂林、阳朔一带，是"山复铮铮骨立""直如青莲出水"的"碧莲玉笋世界"，处于峰林阶段。到了柳州附近，为"如锥处囊中，尤觉有脱颖异"，已是残林孤峰地貌类型了。这些记录直至今日仍不失其科学价值。

徐霞客认识到植物的分布与物候的早迟是受气候、地形、纬度影响的。他比西方最先认识这一关系的德国地理学家洪堡要早 200 多年。如，1639 年正月，徐霞客来到云南丽江，指出："其地杏花始残，桃犹初放，盖愈北而愈寒也。"花开的早迟受气温影响，气温又"愈北而愈寒"，受纬度影响。早些时候，他来到天台山，就记录了"循路登绝顶，荒草靡靡，山高风冽，草上结霜高寸许，而四山回映，琪花玉树，玲珑弥望。岭角山花盛开，顶上反不吐色，盖为高寒所勒耳"。一山之间植物种类不同、物候不同，是随着海拔高度增加而气温下降的结果。

他是云南腾冲火山考察的先驱。赖有其记录，腾越打鹰山 17 世纪初的火山喷发，才被世人所知。他详细记录了那附近的硫黄矿以及赭红色、质地轻浮、坚硬如蜂房的火山喷发物。他对热喷泉、地热蒸汽在我国也作了最早的记录，都有重要的科学价值。

他考察记录了岩溶洞穴 100 多个，对其复杂的结构、大小、成因、特征都有详尽记录，其精确程度至今仍令人惊叹。比欧洲岩洞学作为一项专门学科，早了一个多世纪。

《徐霞客游记》对经济地理的许多重要记载，如当时沟通长江水系与珠江水系航运的灵渠，西南少数民族地区特有的牦牛，运用象于耕作与运输，大理三月街民间贸易的情况，当时丽江纳西族土司的许多奇特食品，苏木巴豆、紫胶等经济作物最早的文献记载，等等，都提供了 300 多年前我国不同地区经济生活的丰富资料。

《徐霞客游记》是忠实、准确、生动记述当时地理景观的丰富宝藏。如据云南苍山、安徽黄山、山西五台山等不同年份的积雪记录，就可了解我国现在的气候较 300 多年前温暖多了。据《徐霞客游记》中连续的晴雨记录，可了解当时雨日较今为多，当时较湿润。另外，当时云南高原上湖泊较今日多，滇池也较今天大多了。全国许多地方森林覆盖较今为好。

明季佛寺分布、僧徒生活构成了社会精神活动的重要组成部分。《徐霞客游记》是了解当时滇黔僧寺分布和僧人活动的最可靠和最详尽的文献。

《徐霞客游记》里还记录了当时流传的许多地理书籍。如魏濬的《西事珥》、谢肇淛的《百粤风土记》、张宗侯的《南程续记》、曹学佺的《名胜志》诸书等。其他还有《云南志》四本、《游记合刻》十本、《峤南琐记》、《南宁州志》、《永昌郡志》、《姚关图说》等。赖有《徐霞客游记》可以了解当时一些地理书在社会上的流传与使用情况。有的书今已散佚，赖有《徐霞客游记》方知书目。

总之，徐霞客首先开创了地理学系统观察自然、描述地理特征的新方向。他在地理学研究的许多方面走在世界前列，攀登了当时地理科学的高峰。

徐霞客逝世之后三年，清军入关。来自关外的清王朝用残酷的战争手段，凶暴地摧残处于幼芽时期的资本主义经济文化。"嘉定三屠""扬州十日"酿成历史悲剧。江南一带，惨遭不幸。徐霞客的家乡——江阴也受到严重摧残。徐子遇难，徐霞客的手稿也因之散佚。《徐霞客游记》是因其文笔绚烂，被辗转传抄才有若晨昏之孤星，凋零散存。其中有一部抄本是徐霞客寄养于李氏的幼子李介立于徐霞客逝世43年后到老家及宜兴方访得的部分原稿。其中有的已被涂抹删改，李介立从日影中照出原样，一一记录，使已毁之玉复出昆山。据清代陈弘研究，当时存有的《徐霞客游记》仅原稿的五分之一左右，以及不多的几首与朋友的酬唱诗。徐霞客逝世135年后，即清乾隆四十一年（1776）《徐霞客游记》才结束了传抄阶段，首次刻印问世。

徐霞客所开创的地理科学新方向也一时后继无人，甚至那时也绝少有人把它主要看作一部地理著作，而仅仅将之当作文学作品欣赏。

正当中国科学技术长期停滞之时，本来落后于中国的西方地理学，却迅速发展起来，反而后来居上。此一消一长，到了20世纪40年代，西方地理科学已经大量传入中国，学术界才重新认识到《徐霞客游记》是一部了不起的地理著作。许多西方地理学家认识的现象、规律和概念，《徐霞客游记》中已初具雏形了。这样，徐霞客也才作为地理学家被载入科学史册。

（作者：于希贤）

王锡阐

清代杰出的天文学家

王锡阐

(1628—1682)

王锡阐是清代最重要的天文学家之一，也是明清之际"西学东渐"浪潮中极有影响的活跃人物。然而长期以来，对王锡阐的研究只限于他的天文学活动，而且又仅限于他的成就。但对这样一个关键性的人物，仅仅如此显然是不够的。我们有必要在明清鼎革、"西学东渐"和天文学史的广泛背景之下，对王锡阐的生平、思想和天文学活动进行更为深入的研究。本文正是这样一个新的尝试。

一、王锡阐的亡国之痛及其与明遗民的交往

王锡阐，字寅旭，号晓庵，江苏吴江人。生于明崇祯元年（1628），卒于清康熙二十一年（1682）。幼时生活在一个读书人家庭里。此时明朝正处在农民军和关外清军的双重压力之下，风雨飘摇。这些情况，王锡阐都有所了解。他17岁那年（1644），巨变迭起。三月，李自成农民军攻入北京，崇祯帝自缢身亡。四月，李自成在山海关被吴三桂和清朝的联军击败，清军入关。五月一日，清军攻入北京城，李自成向西退走。清人乘胜进军。这一连串的事变，对于当时中国的读书人来说，不啻天翻地覆！王锡阐做出的反应是自杀殉国。这在今天看来不免迂腐无能，但在当时这样做的读书人是很普遍的。王锡阐先是投河，遇救未死，又绝食七日，在父母强迫之下才不得不重新进食。但故国之思，亡国之痛，从此伴随

了他的一生。

明亡之后,王锡阐加入了明遗民的圈子,拒不仕清。他的朋友们记下了他当时的形象:"性狷介不与俗谐,着古衣冠独来独往。用篆体作楷书,人多不能识","瘦面露齿,衣敝衣,履决踵,性落落无所合"。他过着贫困凄凉的生活,身后也无子女。有人认为他怪癖,其实并非如此,"性狷介不与俗谐""性落落无所合",这些说法都是遗民们的曲笔,所谓"俗"者,清政府及其顺民也。王锡阐和遗民们却过从甚密,有很深厚的感情。他交往的人当中,有不少是著名人物。

首先要提到顾炎武。他对顾炎武的道德文章非常仰慕,致顾炎武的信中说:"锡阐少乏师傅,长无见闻,所以不惮悉其固陋,以相往复者,正欲以洪钟明镜启我聋瞽。"顾炎武虽长王锡阐15岁,但对他也十分钦佩。尝作《广师》一文,列朋友中有过己之处者10人,王锡阐居其首:"学究天人,确乎不拔,吾不如王寅旭。"又其《太原寄王高士锡阐》一诗,更可见二人之间的深厚友情,全文如次:"游子一去家,十年愁不见。愁如汾水东,不到吴江岸。异地各荣衰,何繇共言宴。忽睹子纲书,欣然一称善。知交尽四海,岂必无英彦?贵此金石情,出处同一贯。太行冰雪积,沙塞飞蓬转。何能久不老,坐看人间换!惟有方寸心,不与玄鬓变。"这里把遗民矢忠故国但又无力回天的悲凉心情表露得非常明显。

其次是潘柽章、潘耒兄弟。王锡阐与柽章极友善,曾住在潘家数年。柽章因参与私修《明史》,死于文字狱。时潘耒方17岁,王锡阐视之如幼弟。后潘耒出仕清朝,王锡阐大不以为然,"数遗书以古谊相规"。"以古谊相规"是潘耒自己委婉的说法，实际上是王锡阐责备他仕清，"而况去就之义，大与古人相背者乎！……且太夫人荼蘖清操，贤名素著，嗜义安贫，远近所孚，次耕又尤不宜亟亟于仰事之故，驰驱于奔竞之涂，以为晚节累也"，这是极严厉的申斥。而说潘母"荼蘖清操"，则又几乎是明斥潘耒为不肖之子了。若非多年深交，不会如此。不过潘耒倒并不记恨，王锡阐去世后，他还去搜集了王锡阐的遗稿，并为之作序，备极推崇。

此外还值得提出的有以下几位。吕留良，因生前的反清言论，在雍正年间被开棺戮尸。王锡阐晚年曾和他一起"讲濂洛之学"，即北宋周敦颐、二程的哲学，基本上属于清初很流行的程朱学派一路。二人并有诗相互酬答。朱彝尊，清初著名文学家。王锡阐曾和他一同观览了李钟伦校的《灵台仪象志》，该书后藏于北京图书馆。张履祥，号杨园先生，"初讲宗周慎独之学，晚乃专意程朱"。他和吕留良都是王锡阐晚年"讲濂洛之学"的伙伴。万斯大，遗民学者，"性刚毅，慕义若渴"。抗清英雄张煌言被俘就义，弃骨荒郊，斯大毅然收葬之。王锡阐有与他讨论天文历法的书信往返。对于斯大进一步改进历法的想法，王锡阐表示自己"倘得执觚从事，窃唐邓之末，亦云幸矣"，这是对斯大很尊敬的态度。

关于王锡阐和明遗民们的交往，有一个文献很说明问题。1657年，顾炎武决定北游，友人联名为他写了《为顾宁人征天下书籍启》，类似于私人介绍信，信上署名者21人，王锡阐亦在其中，这正是王锡阐交往的遗民圈子。

王锡阐的遗民朋友中也有后来出仕清朝的，如朱彝尊、潘耒等。但王锡阐本人坚决不与清政府合作，对友人之仕清，也大不赞成，前述潘耒事可作证。王锡阐心怀故国、矢忠明朝的思想感情，在他的一篇名为《天同一生传》的寓言式自传中有隐晦而深刻的表现。这篇短文对了解王锡阐的思想以及在这种思想影响之下的天文学活动有一定的价值，理应予以相当的重视。文中说："天同一生者，帝休氏之民也。治《诗》《易》《春秋》，明律历象数……帝休氏衰，乃隐处海曲，冬绤夏褐，日中未爨，意恒泊如。惟好适野，怅然南望，辄至悲歔。人咸目为狂生，生曰：我所病者，未能狂耳！因自命希狂，号天同一生。""天同一生"是什么意思？他自己的说法是："天同一云者，不知其所指。或曰即庄周齐物之意，或曰非也。世莫知其然否。"闪烁其词，不肯明说。所谓"帝休氏"，我们当然不必凿定为崇祯帝；然而作为亡明的象征，则视为崇祯帝亦无不可。因为"帝休氏衰，乃隐处海曲"，正是王锡阐明亡不仕、清贫自守的情况。而"怅然南望，辄至悲歔"者，南明的金瓯一片，一直坚持到1661年，时王锡阐34岁；台湾郑氏抗清政权，更坚持到王锡阐去世之后一年（1683），王锡阐之南向而悲，正是为此。又"我所病者，未能狂耳"，亡国之痛，溢于言表。美国科学史家席文还注意到，王锡阐在各种场合都避免使用清朝的年号。

王锡阐作为亡明遗民，矢忠故国，对清以异族入主中国痛心疾首，这样强烈的思想情绪和坚定的政治态度，不可能不对他的科学活动产生影响。考虑到这一因素，有些问题就可能得到较好的解释。

二、王锡阐与清初历法的新旧之争

明遗民心怀故国，拒不仕清，往往隐居起来，潜心于学术研究，其代表人物首推顾炎武。明儒空谈心性，不务实学，经亡国惨祸，风气为之一变。对遗民学者之治学，梁启超洞察颇深："他们不是为学问而做学问，是为政治而做学问。他们许多人都是把半生涯送在悲惨困苦的政治活动中，所做学问，原想用来做新政治建设的准备，到政治完全绝望，不得已才做学者生活。"在这样的风气下，王锡阐选择了天文历法之学。他治学时心中是否也存着为"新政治"服务之望，因史料不足，难以轻断，但他在这一点上受到顾炎武等人的影响是完全可能的。至少有足够的材料表明，他对清政府在历法上引用西人西法怀着强烈不满。

明末由徐光启主持，招集来华耶稣会士编成《崇祯历书》，系统介绍了欧洲古典天文学。入清后，康熙爱好自然科学，尤好天算，大力提倡，一时士大夫研究天文历法成为风尚，为前代所未有。清廷以耶稣会士主持钦天监，又以《西洋新法历书》的名称颁行《崇祯历书》之删改本，即所谓新法，风靡一时。这实际上是中国天文学走上世界天文学并与其同轨道的开端。但清以异族而入主中国，又在历法这个象征封建主权的重大问题上引用更远的异族及其一整套学说方法，这在当时许多知识分子特别是明遗民们看来，是十足的"用夷变夏"，很难容忍。潘耒说："历术之不明，遂使历官失其职而以殊方异域之人充之，中国何无人甚哉！"王锡阐也说："不谓尽堕成宪而专用西法如今日者也。"这些言论在当时有一定的代表性。

王锡阐在这样的心情下发愤研究天文历法，从20多岁起，数十年勤奋不辍。由于对中国传统方法和西洋新法都作过深入的研究，他的意见就比较言之有据，和当时其他一些人的泛泛之谈和盲目排外大不相同。

他第一个重要观点是：西法未必善，中法未必不善。他说："旧法之屈于西学也，非法之不若也，以甄明法意者之无其人也。"这是说中法未必不如西法，只是掌握运用不得其人。又说："吾谓西历善矣，然以为测候精详可也，以为深知法意未可也。"这是说西法虽在"测候精详"这一点上有可取之处，但西法对中法的批评是不知法意，即不了解中法的精义，因而批评得不对。于是举出西法"不知法意"者五事，依次为平气注历、时制、周天度分划法、无中气之月置闰、岁初太阳位置，为中法辩护。又说："然以西法为有验于今，可也；如谓不易之法无事求进，不可也。"这是说西法并非尽善尽美，不应该不求改进，全盘照搬。他曾指出西法"当辨者"十端，是对西法本身提出的批评，依次为回归年长度变化、岁差、月亮及行星拱线运动、日月视直径、白道、日月视差、交食半影计算、交食时刻、五星小轮模型、水星金星公转周期。他又有西法六误之说，指出西法中因行星运动理论不完备而出现的矛盾错谬之处。此外，他论及西法时有"在今已见差端，将来讵可致诘""西人每诩数千年传人不乏，何以亦无定论""亦见其技之穷矣"等语，不及尽述。总的来说，王锡阐这一观点是正确的，因《西洋新法历书》中的西法，只是开普勒、牛顿之前的欧洲古典天文学，不善之处确实很多。具体来说，王锡阐的"五不知法意""十当辨""六误"等意见，大部分也是有价值的，尽管也有一些错误。

王锡阐在批评西法时，明显流露出对西法的厌恶之感。将此和当时梅文鼎的态度比较一下是颇有意思的。梅文鼎也谈论西法的得失，还将"西法原本中法"之说集其大成，但对西法的态度是比较平和的。他似乎更多一些纯科学的味道。而王锡阐之厌恶西法，仍可追溯到亡明遗民的亡国之痛上去。因为西法是异族之法，而且是被另一个灭亡了大明的"异族"引入来取代汉族传统方法的，所以从感情上来说，王锡阐不可能喜欢西法。

王锡阐第二个重要观点是：西法原本于中法。这个观点黄宗羲提出得更早，但王锡阐的天文学造诣更高得多，又兼通中西之法，所以对此说的传播发展作用更大。王锡阐说："今者西历所矜胜者不过数端，畴人子弟骇于创闻，学士大夫喜其瑰异，互相夸耀，以为古所未有。孰知此数端者悉具旧法之中，而非彼所独得乎！"于是指出五端，这是"西法原本中法"说发展中的重要文献：

> 一曰平气定气以步中节也，旧法不有分至以授人时，四正以定日躔乎？一曰最高最卑以步朓朒也，旧法不有盈缩迟疾乎？一曰真会视会以步交食也，旧法不有朔望加减食甚定时乎？一曰小轮岁轮以步五星也，旧法不有平合定合晨夕伏见疾迟留退乎？一曰南北地度以步北极之高下，东西地度以步加时之先后也，旧法不有里差之术乎？

这是主张西法的创新皆为中法所已有。后来在刻意要"归《大统》之型范"的《晓庵新法》中，王锡阐就将上述五个"一曰"尽数弃而不用。他又进一步说："西人窃取其意，岂能越其范围？"从西法"悉具旧法之中"推进到西法"窃取"中法，不能不说是有些过激了。

王锡阐何以在这个问题上态度如此激烈，可以从政治思想上找到原因。中国封建时代的读书人向来把"夷夏"之分看得极重，清政府在历法上全盘西化，是"用夷变夏"。但清人自己就是以"异族"而入主中国的，对"夷夏"之说极为敏感，屡兴文字狱，王锡阐的朋友吕留良就因此而惨遭戮尸之祸，所以又不便正面攻击清政府在历法上的全盘西化。在这种矛盾的情况下，黄宗羲、王锡阐这样的大明忠臣怎么办？办法之一，就是断言西法源于中法，甚至是窃自中法的。这可以使理论上的困境得到一定程度的摆脱。他们这番苦心，当然无法明言，只好以隐晦曲折出之。

从上述两个观点出发，王锡阐指出："夫新法之戾于旧法者，其不善如此；其稍善者，又悉本于旧法如彼。"但他作为一个天文学家，并不因此而一概排斥西法。他主张中西兼采，"然则当专用旧法乎？而又非也"。不过到底怎样中西兼采法，仍是一个问题。

当初徐光启主持修《崇祯历书》，曾表示要"镕彼方之材质，入《大统》之型模。譬如作室者，规范尺寸一一如前，而木石瓦甓悉皆精好"。这意思几乎和后来的"中学为体，西学为用"一样。不过徐光启虽这么说过，修成的《崇祯历书》却完全不是《大统》之型模"。对此，王锡阐一再感叹："且译书之初，本言取西历之材质,归《大统》之型范,不谓尽堕成宪而专用西法如今日者也。""而文定……其意原欲因西法而求进,非尽更成宪也。"王锡阐的观点很明确:中西兼用就是"取西历之材质,归《大统》之型范"。

于是,他慨然以"甄明法意""归《大统》之型范"为己任,来写一部异调独弹、和当时行用的西法唱对台戏的《晓庵新法》。这在当时西法成为钦定,西人主持钦天监,整个天文学界都在讲论西法的情况下,是需要科学上和政治上的双重勇气的。更何况他还在书中寄托了他的故国之思。

三、《晓庵新法》和《五星行度解》

《晓庵新法》成于1663年,这是王锡阐最系统、最全面,也是他自己最得意的力作。他在自序里表示,当时历法上"尽堕成宪而专用西法"使他不满,"余故兼采中西,去其疵颣,参以己意,著历法六篇",这表明了他作此书的动机。

全书共六卷。第一卷讲述天文计算中的三角知识,定义了$\sin\theta$、$\cos\theta$、$\tan\theta$等函数,本质上和今天一样,不过他纯用文字表述。第二卷列出数据,其中有些是基本的天文数据,大部分是导出常数。又给出二十八宿黄经跨度和距星黄纬。第三卷兼用中西之法推求朔望节气时刻及日月五星位置。第四卷研究昼夜长短、晨昏蒙影、月及内行星的相,以及日月五星的视直径。

第五卷很重要,先讨论时差和视差,进而给出确定日心和月心连线的方法,称为"月体光魄定向",这是王锡阐首创的方法。后来清廷编《历象考成》(1722)，采用了这一方法。

第六卷先讨论了交食，其中对初亏、复圆方位角的计算与"月体光魄定向"一样。随后用相似方法研究金星凌日，给出推算方法。又讨论了凌犯，包括月掩恒星、月掩行星、行星掩恒星、行星互掩等情况。金星凌日和凌犯的计算，皆为王锡阐首创，中国前代天文历法著作中未曾有过。

《晓庵新法》虽在计算中采用了西方的三角知识，但并未使用西法的小轮体系，也没建立宇宙模型。按中国古典历法的传统，根本不必涉及宇宙模型的问题。要预推天体视位置，未必非建立宇宙模型不可，更不是非用小轮体系不可，用传统方法也能做得相当好。王锡阐既要"归《大统》之型范"，自然要用传统方法。再说他又隐然将《晓庵新法》视为向西法挑战之作，更需要断然拒绝西法体系。

《晓庵新法》在月体光魄定向、金星凌日、凌犯等计算方法中表现出巨大的创造才能，但不可否认，此书也有其不足之处。例如，据笔者初步统计，第二卷给出数据达263个，其中大部分是导出数据，但对如何导出则未作任何说明；而以下四卷中的各种计算皆从这些数据出发，因此最后推导出的任何表达式都无法直接看出其天文学意义。而且，后四卷中出现的新数据，包括计算过程中间值在内，各有专名，凡590个之多，其中还有同名异义、同义异名等情况，更进一步增加了读者理解的困难。究其原因，除王锡阐刻意追求"归《大统》之型范"，不使用图示等先进手段之外，主要是因为他有一个错误的观点。早先他就主张"大约古人立一法必有一理，详于法而不著其理，理具法中，好学深思者自能力索而得之也"。"详于法而不著其理"本是古人的缺点,王锡阐却表示欣赏,并加以实行。由于《晓庵新法》是他深有寄托的发愤之作,可能为了使之不同凡响,王锡阐特意将此书写得非"力索而得之"不可,比前代历法更难读。

说王锡阐"特意"如此是有理由的。他的另一部重要著作《五星行度解》就没有一点"《大统》之型范"的影子,完全采用西方的小轮体系,有示意图六幅,全书非常明白易懂。

《崇祯历书》以第谷天文体系为基础,而第谷未来得及完善其行星运动理论就过早辞世了,因此《崇祯历书》的行星运动理论部分颇多矛盾不谐之处。王锡阐打算改进和完善西法中的行星理论,《五星行度解》即为此而作。

王锡阐先建立自己的宇宙模型,与第谷的稍有不同:"五星本天皆在日天之内,但五星皆居本天之周,太阳独居本天之心,少偏其上,随本天运旋成日行规。此规本无实体,故三星出入无碍;若五星本天,则各自为实体。"

这里有两点值得注意。首先,王锡阐主张本天皆为实体,这和早期来华耶稣会士传播的欧洲古代十二重天球之说非常相似:"十二重天,其形皆圆,各安本所。各层相包,如裹葱头,日月五星列宿在其体内,如木节在板,一定不移,各因本天之动而动焉。"(阳玛诺《天问略》)王锡阐心目中的宇宙也颇有这样的味道,他还引古证之:"《天问》曰:'圜则九重,孰营度之?'则七政异天之说,古必有之。"不过王锡阐此说是否受过耶稣会士的启发,目前尚难断言。《天问略》出版于1615年,王锡阐读到它是完全可能的。

此外，王锡阐对宇宙体系运转机制的研究，则可以肯定是受了开普勒天体引力思想的启发。

其次，按西法一贯的定义，所谓"本天"皆指天体在其上运动的圆周，而王锡阐提出的"太阳本天"，太阳并不在其圆周上运行，则与五星本天为不同概念，但他未注意区分这二者。事实上，对推算五星视运动而言，他的"太阳本天"毫无作用，起作用的是"日行规"，实即第谷的太阳轨道。对于这一点，钱熙祚的看法很有见地："虽示异于西人，实并行不悖也。"措辞虽很委婉，却猜对了王锡阐的动机。根据王锡阐对西法的一贯态度，他不愿亦步亦趋是很自然的。

对于宇宙模型，王锡阐还有一个新观点："五星之中，土木火皆左旋。……西历谓五星皆右旋，与天行不合。"他又由此推出一组计算行星视黄经的公式。这个说法在当时很新颖，引起了一些人的注意，潘耒说它"说甚创辟，果如其说，则历术大关键也"。当然，这里王锡阐是错的。

王锡阐在《五星行度解》中对水内行星的讨论很值得注意："日中常有黑子，未详其故，因疑水星本天之内尚有多星。星各有本天，层叠包裹，近日而止。但诸星天周愈小，去日愈近，故常伏不见，唯退合时星在日下，星体着日中如黑子耳。"这里王锡阐认为内行星凌日可以形成黑子。他在《晓庵新法》中也说过："太白体全入日内为日中黑子。"但更重要的是水内行星的想法。这虽然可能是受了《崇祯历书·五纬历指》的启发，但后者并未如此明确地提出水内行星的概念。这样的概念当时欧洲也有，比如伽利略的《对话》中就提到过，与王锡阐的说法极相似。今天一般倾向于认为不存在水内行星，但也未能最后论定。而王锡阐作为早期猜测者之一，应该是值得一提的。

四、王锡阐的天文观测

王锡阐以观测勤勉著称。晚年他自己说："每遇交会必以所步所测课较疏密，疾病寒暑无间。变周改应，增损经纬迟疾诸率，于兹三十年所。……年齿渐迈，气血早衰，聪明不及于前时，而矻矻孳孳，几有一得，不自知其智力之不逮也。"考虑到王锡阐的贫困多病，这种精神十分可贵。但对于他的观测精度，以前似乎未加注意。尽管史料很缺乏，仍有必要作一些考察。

首先设法弄明白有关的情况。王锡阐非常贫困，因此不可能拥有诸如私人天文台、大尺寸测角仪器、多级漏壶等设备，也不可能雇用助手。他虽有门人，但死后"历学竟无传人"，没人能继承其天文学。有些人是跟他学别的学问的，如姚汝箫，王锡阐说："姚生汝箫，故以能诗名见余。"姚汝箫还编次了王锡阐的诗和古文作品。史料中也未发现任何关于王锡阐有观测助手的记载。

有两条关于王锡阐天文观测的直接史料很重要。一是"每遇天色晴霁，辄登屋卧鸱吻间仰察星象，竟夕不寐"，二是"君创造一曧，可兼测日、月、星"。这曧称为三辰曧，实物今不存，王锡阐曾作《三辰曧志》一文，专门讲解这架仪器，他去世后潘耒整理他的遗稿时还曾经见到这篇文章，"其文仿《考工》，绝古雅"，但此文已佚。不过尽管如此，我们对三辰曧仍不至于一无所知。首先，这不可能是一架大型仪器。因为王锡阐既无财力来建造，又缺乏必要的助手来协助操纵大型仪器。更重要的是，王锡阐的观测场所是屋上"鸱吻间"，即旧式瓦房的"人"字形屋顶上，在这上面安置大型仪器是不可能的，更不用说每次观测时临时安装了。其次，三辰晷也不会很精密。因为一架小型仪器不可能长期放在屋顶风吹雨淋，多半是每次观测时临时搬上去；而如果这样的话，在"人"字形屋顶上，取准、定平等方面的精度绝不可能很高。

观测精度的另一个重要方面是计时精度，对此王锡阐自己晚年的说法很重要："古人之课食时也，较疏密于数刻之间；而余之课食分也，较疏密于半分之内。夫差以刻计，以分计，何难知之，而半刻半分之差，要非躁率之人、粗疏之器所可得也。"这表明在王锡阐心目中，"半刻半分"的精度已是不易达到的佳境。这里"分"指食分。姑先不论，单就时间而言，当时西法用九十六刻制，则一刻为 15 分钟，王锡阐在《晓庵新法》中用百刻制，则一刻为 14.4 分钟，即使王锡阐平时也用百刻制，则半刻为 7.2 分钟，对应天体周日运动 1 度 8，这是非常大的误差。在交食时问题还不太大，但对其他观测而言，影响很大，因为上述材料表明，王锡阐所掌握的时计是不精密的。

所以，王锡阐观测虽勤，我们对他的观测精度却不宜估计过高。这一点对评价王锡阐的天文学理论很重要。然而，这是客观条件的限制，我们今天万不能苛责于王锡阐。

王锡阐对观测非常重视，虽然精度受客观条件的限制，但在观测理论上达到了很高的认识水平。去世前一年，他回顾自己的观测经验，指出除有熟练的观测者和精密仪器之外，还必须善于使用仪器。而即便如此还不够,"一器而使两人测之,所见必殊,则其心目不能一也;一人而用两器测之,所见必殊,则其工巧不能齐也"。这说明王锡阐对仪器的系统误差(工巧不齐)和观测中的人差(心目不一)都已有了正确的概念。如没有多年实测经验,很难达到这样的认识高度。

王锡阐对自己理论与实测的吻合精度,始终不满意。有件事很能说明这一点,"辛酉八月朔当日食,君以中西法及己法预定时刻分秒,至期与徐圃臣辈以五家法同测,而己法最密"。这是指 1681 年 9 月 12 日的日食,徐圃臣即徐发,著有《天元历理》十一卷。从各种情况来看,这次五家法同测似乎是民间活动,没什么官方色彩。虽然"己法最密",王锡阐自己却感叹道:"及至实测,虽疏近不同,而求其纤微无爽者,卒未之睹也。"这并不是一般的自谦之辞,因为他觉得"于此见天运渊玄,人智浅末,学之愈久而愈知其不及,入之弥深而弥知其难穷"。这时已是他去世前一年了,他仍感到不能满意。

天文学理论最终都要靠实测的检验来定其优劣,从而得到进步。王锡阐在贫困之中,受条件的限制,观测精度无法达到很高,这一点直接妨碍了他理论上的发展。对于王锡阐这样一位有才能的天文学家来说,不能不格外令人惋惜。否则,他无疑能取得更大的成就。

五、对王锡阐的评价和研究

王锡阐当时因矢忠故国而在遗民圈子里受到很大的尊敬,前述顾炎武诗文可为代表。王锡阐的天文学成就则使他们引为自豪。潘耒说:"历术之不明,遂使历官失其职而以殊方异域之人充之,中国何无人甚哉！幸有聪颖绝世，学贯天人，能制器立法如王君者……幸其书犹存，其理至当，乌知异日不有表章推重见诸施行者，是君亡而不亡也。"王济说："自西人利玛窦立法，自谓密于中历，人莫能窥，先生独抉其篱而披其郤。"不过这些称赞者在天文学上并无造诣，因此他们的评价从天文学史的角度来说，不足以说明王锡阐的地位。而梅文鼎是清代最著名的天文学家之一，他对王锡阐的钦慕和评价就值得重视了："近代历学以吴江为最，识解在青州以上，惜乎不能尽知其人，与之极论此事。稼堂屡相期订，欲尽致王书，属余为之图注，以发其义类，而皆成虚约，生平之一憾事也。"吴江即王锡阐，青州指薛凤祚，当时有"南王北薛"之称，但梅文鼎认为薛不如王。这一看法，后世视为公论。

王锡阐在清代天文学界的地位不如梅文鼎，18世纪末仍是"方今梅氏之学盛行而王氏之学尚微"。造成这种情况的原因很复杂。王锡阐没有如梅文鼎被皇帝礼遇这种"异数"，当然是一个重要原因。现在看来，阮元"王氏精而核，梅氏博而大"的评价，还是可以接受的。

不过王锡阐的天文学成就在清代还是得到了肯定的。1722年《历象考成》采用了他的"月体光魄定向"方法，1772年《四库全书》收入《晓庵新法》，这件事在阮元看来是"草泽之书得以上备天禄石渠之藏，此真艺林之异数，学士之殊荣，锡阐自是不朽矣"。在1799年这样说或许还不算很夸张，但无论如何，仅仅靠这件事是不足以使王锡阐不朽的。

王锡阐的天文工作在20世纪引起了科技史界的注意。李约瑟认为《晓庵新法》是"熔中西学说于一炉的一种尝试",并认为"据我看,这位天文学家是个有才华的人"。这一评价无疑是正确的。20世纪60年代,席泽宗先生发表《试论王锡阐的天文工作》,首次用现代天文学的方法,对王锡阐的天文工作及理论作了全面深入的研究。当年潘耒、梅文鼎"为之图注,以发其义类"的愿望,由此开始得到实现,而且比他们所能做的更好,因为当时他们不可能站在今天的高度上来研究和评价。

王锡阐的天文著作,特别是《晓庵新法》,在天文学史上有重要意义。《晓庵新法》是中国历史上最后一部古典形式的历法,对这部著作的研究还远远不够。例如,对它作精度分析,并与当时传入中国的西方天文学体系及中国前代好历相比较,就是一件很有意义的工作,方有待于来者。

另外,也应该看到,王锡阐作为清代第一流的天文学家之一,他所大力论证、宣传的"西学中源"说,在客观上对清代天文学的发展起了非常消极的作用。他与梅文鼎同为清代天文学界"会通中西"的大师,但他们却在很大程度上使"会通"误入歧途。将论证"西学中源"当作"会通中西"的主旋律,却不向赶上、超过西方天文学这一方向去努力。王锡阐在论证"西学中源"的同时所作的"归《大统》之型范"的徒劳尝试,其基本精神也没有赶超的意图。作为中西天文学融合时期最重要的人物之一,他对西方天文学的态度在中西文化交流史、思想史等方面有很大的研究价值。

(作者:江晓原)

梅文鼎

清初历算大师

梅文鼎
(1633—1721)

梅文鼎，字定九，号勿庵，安徽宣城人，是清初被誉为"历算第一名家"的民间天文学家、数学家。他生于西方科学传入中国的时代，毕生致力于阐发西学要旨、表彰中学精华，对于整个清代的学术思想都有一定的影响。通过这一人物的思想和活动，我们也可以从一个侧面看到中、西两种文化由尖锐对立到开始交融的历史过程及其独特方式。

一、象数岂绝学，因人成古今

安徽宣城南有文脊山，"绵亘百里，为一方之镇，而柏枧居其最胜"。柏枧山口散居着梅氏一族，"先世则农而士"，至明季香火鼎盛，出了许多诗人、学者和政治家。1633年3月16日（旧历崇祯六年二月七日），梅文鼎降生于这个望族中一个书生家庭。其父梅士昌为邑庠生，"少小有经世之志，自治经外，若象纬、坤舆、阴阳、律历、阵图、兵志、九宫、三式、医药、种树之书靡所不搜讨殚究"。文鼎"儿时侍父及塾师罗王宾仰观星气，辄了然于次舍运旋大意"。

然而真正使他对科学发生兴趣的是一个叫倪正的明代逸民。倪正，字方公，宣城人，明亡后隐居官湖之滨，号观湖，又自称竹冠道人。1661年前后，梅文鼎和他的两个弟弟文鼐、文鼏一同向倪正学习历法，倪正即以明代官方颁行的《大统历》相授。梅氏三兄弟"乃相与晨夕讨论，为之句栉字比，不惮往复求详"。文鼎将学习心得整理成《历学骈枝》四卷，这是他最早的书稿，标志着一个起点。正如梅文鼎赋诗所云："黄鹄初试羽，瞻云思八荒。"梅文鼎是在什么学术背景下开始了自己的科学生涯呢？当时的情况是：奠基于汉唐、盛极于宋元的传统天文、数学，至明季已日渐衰颓，具体表现是经典亡佚、历法失修、数理不传；与此相应，西方的一些科学知识从明末开始传入我国，但在一个相当长的时期内不能为一般的知识分子理解和接受，历算之学遂有中法和西法之分。清初杨光先提出"宁可使中夏无好历法，不可使中夏有西洋人"，挑起长达十年之久的"历讼"。中西之争从此染上了浓厚的政治色彩，两派形同水火，绝无调和余地。杨光先本来是一个不懂得天文历法的腐儒，偏偏要打着"正国礼"的旗号在西洋人的历法上做文章，最后落得个罢官问罪、客死他乡的下场。这自然也使主张中法的学者受到株连，本来已在走下坡路的传统天文、数学又一次受到打击。

在这种历史背景下，梅文鼎的《历学骈枝》假《大统》阐明《授时》等历理，并以传统数学中的勾股和较术来说明、推算日月食，这就填补了由于郭守敬著作失传和《元史·历志》过于简略造成的知识真空，对于清代传统天文、数学的复兴起到了开风气之先的作用。

1672年，梅文鼎完成了他的第一部数学著作《方程论》。"方程"系传统数学中一项重要内容，专指多元一次方程组的应用和解法，在《九章算术》为卷八。他当时未能读到《九章算术》，但通过明代程大位、吴敬等人的著作对中国古代的多元一次方程组问题进行了较全面的研究。在《方程论》一书中，梅文鼎阐发了两个有代表性的观点。其一，他认为传统数学的"九数"应分为"算术"和"量法"两类：前者包括"粟布（粟米）""衰分""均输""盈朒"，而极于"方程"；后者包括"方田""少广""商功"，而极于"勾股"。二者皆由浅入深，而"方程于算术，犹勾股之于量法，皆最精之事"。

其二，由于当时传入中国的西方数学知识中没有关于多元一次方程组的内容，梅文鼎认为可以借助它来长中华志气、灭洋人威风。书成后，他曾寄示方中通，盖因"方子精西学，愚病西儒排古算数，著《方程论》，谓虽利氏（指利玛窦）无以难，故欲质之方子"。他又作诗云："象数岂绝学，因人成古今。创始良独难，踵事生其新。测量变西儒，已知无昔人。便欲废筹策，三率归《同文》（指《同文算指》，李之藻、利玛窦共同编译）。宁知九数理，灼灼二支分。勾股测体线，隐杂恃方程。安得以比例，尽遗古法精。"

"青山闭户孤居惯，书卷时开逸兴多。"梅文鼎的早年，主要在家乡读书写作。他是从传统天文、数学起步开始科学生涯的，《历学骈枝》和《方程论》就是最好的证明。他抓住了名为《大统》实为《授时》这一荟萃了中国古代历法精华的模型，又选择了最能体现古代筹算优越性而西法不具的数学问题，因而能够在传统天文、数学几乎成为"绝学"的时代做出有意义的工作。除此之外，他也十分注意搜集和整理古代科学文献，"遇古人旧法，虽片纸如拱璧焉"。他曾亲见《九章算术》南宋刻本的残卷，整理过现已成为孤本的《西镜录》和《圆解》。对多种现已失传的稀世抄本和古籍留有记载，其中有郭守敬的《授时历草》、赵友钦的石刻星图以及多种佚名著作，这些都成为研究中国古代天文、数学史的重要线索和宝贵资料。中国古代许多具有世界意义的科学成就，都是经梅文鼎宣传才重新为世人所认识的，如《授时历》中的三次内插法和黄赤相求术，本是郭守敬"创法凡五事"中最重要的两事，但在明代几乎无人能懂，梅文鼎作《平立定三差详说》和《堑堵测量》才使其重发异彩。

"千秋绝诣，自梅而光。"梅文鼎为维护和发扬中华民族优秀的科学遗产作出了重要贡献。

二、他山有砻石，攻错以为期

梅文鼎的中年生活并不顺利，39岁那年妻子陈氏故去，"遂不复娶，日夜枕藉诗书以自娱"。他虽"博览多通，少善举子文"，但屡应乡试不第。但是三年一度的南京之行使他开阔了眼界，开始接触到在皖南乡间难以见到的西学书籍。

1675年，他在乡试之余购得一部《崇祯历书》残本，又从顾昭家借抄得穆尼阁的《天步真原》。1678年乡试时他又从黄虞稷家借抄得罗雅谷的《比例规解》，"携之行笈，半年而通其指趣"。当年族侄梅庚与他同科应试，见其"得泰西历象书盈尺，穷日夜不舍"，直到临考前一天仍是如此，于是趁他外出时把书藏了起来。梅文鼎回来找不到书，焦急万分，"则艴然曰：余不卒业是书，中怦怦若有所亡，文于何有？"可见，他把学习科学知识看得比科举考试更为重要。

梅文鼎利用乡试的机会广事交游、求师问友，如饥似渴地学习。但闻有知历算者，"虽在远道，不惮褰裳往从。畴人子弟及西域官生，皆折节造访。人有问者，亦详告之无隐"。

但是对于拜洋人为师，他是有所顾虑的。从现有资料来看，他与外国人的直接接触只有两次：一是1688年在杭州晤意大利教士殷铎泽，一是1690年在北京晤法国教士安多。两次会面都曾谈及历算，但是并没有形成长期的合作或师生关系。他在给薛凤祚的一首诗中清楚地表明了自己既想学西历又怕当假洋鬼子的复杂心理："我欲往从之，所学殊难同。讵忍弃儒先，翻然西说攻。或欲暂学历，论交患不忠。立身天地内，谁能异初终？"直到后来他听人说穆尼阁"喜与人言历而不强人入教，君子人也。仪甫（薛凤祚）初从魏玉山文魁主张旧法，后复折节穆公，受新西法，尽传其术，亦未尝入耶稣会中"，这才稍微放松戒备心理。同是学习和介绍西学，梅文鼎和明末徐光启、李之藻等人的态度是有所区别的。这是因为此时杨光先已彻底失败，钦天监起用洋人，不分青红皂白排斥中法的局面出现，这一点无疑使梅文鼎的民族自尊心受到伤害。

在清初学习西法的学者中，他十分钦佩王锡阐和薛凤祚，称"治西法而仍尊中理者，北有薛南有王"。在王、薛二人之中他则更推重前者，认为"近代历学以吴江为最，识解在青州以上"，盖因王锡阐对《崇祯历书》所抱的批判性的学习态度与他自己的思想是合拍的。

《崇祯历书》是徐光启等人组织编译的一部大型天文丛书，于明崇祯年间陆续完成，共计137卷，汇集了当时传入中国的西方天文和数学知识。然而由于"取径纡回，波澜阔远，枝叶扶疏，读者每难卒业。又奉耶稣为教，与士大夫闻见龃龉"，所以经过了半个多世纪仍是一部难以卒业的"天书"。即使是更早翻译成的《几何原本》(1607)，"京师诸君子即素所号为通人者，无不望之反走，否则掩卷而不读，或读之亦茫然而不得其解"。可见，消化和普及西方数学知识成了一个时代性的问题。梅文鼎可谓生逢其时，他认真钻研西学著作，宣传和普及西方先进的天文、数学知识，经他整理和疏解的内容大多浅显易懂，并混合了一定的本土知识，便于中国人领会和学习。

他写了《交食》《七政》《五星管见》《揆日纪要》《恒星纪要》等书，介绍第谷体系的西方天文学；写了《笔算》《筹算》《度算释例》等书介绍西方的算术和计算工具；写了《几何通解》《几何补编》等书介绍欧几里得几何学；写了《平三角举要》《弧三角举要》《环中黍尺》《堑堵测量》等书介绍西方的三角学。除对数以外，几乎涉及当时传入中国的全部西方天文和数学知识。这些书都不是拾人牙慧式的转述或改编，而是经他"咀嚼""消化"后的结果，有许多独到的见地。

《崇祯历书》中对行星运动的推算与解释颇多矛盾，梅文鼎在《五星管见》中提出了"围日圆象"说，其特点是调和第谷和托勒密的宇宙体系，建立一个整齐和谐的行星运动模型。他对各种星表十分感兴趣，《恒星纪要》中附有"各宿距星所入各宫度分"，经查系出于南怀仁的《灵台仪象志》，但不是简单地照抄，而是按岁差数据进行了修订。

他于"测算之图与器,一见即得要领","西洋简平、浑盖、比例规尺诸仪器,书不尽言,以意推广为之,皆中规矩"。简平仪和浑盖仪是当时传入中国的两种星盘,梅文鼎对其制度原理十分关心。除著书详论外,又制成璇玑尺、揆日器、侧望仪、仰观仪、月道仪和浑盖新式等名目繁多的天文仪器,从其《勿庵历算书目》所撰提要来看,它们大都与简平仪和浑盖仪有关。

当时《几何原本》只译出了前六卷,梅文鼎在《测量全义》《大测》等书透露的线索下,对前六卷以外的有关内容进行了探索,写成《几何补编》一书,获得了许多独立的成果:他详细讨论了五种正多面体及球体的互容问题,这一课题是开普勒早年构造宇宙模型的数学基础;他通过演算订正了《测量全义》中正二十面体体积与边长关系的错误,所得到的其他多面体的数据精度也比《测量全义》和《比例规解》要高;立体几何中还有一种等角半正多面体,历史上仅有阿基米德等少数人研究过,梅文鼎由民间制作的灯笼得到启发,论述了两种半正多面体的结构、比例以及它们与正多面体的关系;他又提出球体内容等径小球问题,并意识到这一问题的解与正多面体有关,在当时可以说是一个很新鲜的课题。

对于中国历算家来说,当时传入的西学知识中最难接受的恐怕是三角学了,因为中国古代数学中缺乏一般角的概念,"未有予立算数以尽勾股之变者",而《崇祯历书》所介绍的三角学知识又过于零散。梅文鼎著《平三角举要》《弧三角举要》二书,系统地阐述了三角函数的定义、各种公式、定理及应用,是中国人自撰的最早的一套三角学教科书。在《堑堵测量》一书中，梅文鼎在中国数学史上第一次指出《授时历》中"黄赤相求之理"的三角学意义，认为"郭太史本法"与西方球面直角三角形的公式解法是一致的；他设计的"立三角仪"和"平方直仪"，不但可以清楚地显示球面直角三角形的边角关系，而且蕴含着一种巧妙的图解方法，至今仍有一定的实用价值。关于利用投影原理来解球面三角形的更一般论述，则见于《环中黍尺》一书，他所提出的构图原理与今日若干球面三角教科书介绍的图解法完全一致。

"他山有砻石，攻错以为期。"明末倡导西学的先驱们就已打出了"会通"的旗号，但是由于他们大都对传统天文、数学缺乏足够的了解，加上当时中西之争已超出了学术的范畴，所以并未得出多少中肯有益的结论。徐光启"镕彼方之材质，入《大统》之型模"的提法，其实多半是出于政治考虑的一种策略，《崇祯历书》中的"会通"仅限于中西各种度量单位的换算。真正认真地"会通"中西之学，还是从梅文鼎这一代学者开始的。

他生前曾计划将自己的所有数学著作汇编成集，总名就叫《中西算学通》，其序言中写道："数学者征之于实，实则不易，不易则庸，庸则中，中则放之四海九州而准。"这种认为数学来源于实践，因而无复中西都可"会通"的见解是相当进步的。在天文学方面，他想效法明末邢云路《古今律历考》的形式写一部《古今历法通考》，将他所了解的古今中外各家历法逐一考察。他认为："数学者所以合理也，历者所以顺天也。法有可采，何论东西？理所当明，何分新旧？"强调"义取适用，原无中外之殊；算不违天，自有源流之合"。因为有着这样的信念,他能够"既贯通旧法,而兼精乎西学","会两家之异同,而一一究其指归","其有功于历学甚大"。

三、丈夫志翀举,三山犹借途

清初开始修明史,康熙召试的五十鸿博中无人能胜任"历志"这部分的工作,主持明史馆的汤斌、徐乾学以及施闰章等人屡次邀请梅文鼎到北京来帮忙,后来却因梅文鼎有授馆之约未能成行,但梅文鼎曾寄去自己的意见。直到1689年梅文鼎才来到北京,正式参与纂修《明史·历志》的工作。他对明史馆的官员们说:明代之《大统》实则承袭元代之《授时》,因而正可借纂修《明史》来弥补《元史》所缺载的内容,以发明郭守敬等人的不传之秘。"史局服其精核,于是辇下诸公皆欲见先生,或遣子弟从学,而书说亦稍稍流传禁中。"通过纂修《明史·历志》,梅文鼎进一步巩固了自己的学术地位。他在北京结识的友人刘献廷当时写道:"我友梅定九,中华算学无有过之者。"在京期间,他又结识了朱彝尊、徐善、阎若璩、万斯同、黄百家等学界名流,并通过李光地的关系闻达于朝廷。

李光地,字晋卿,福建安溪人,康熙庚戌(1670)进士,官至文渊阁大学士,嗜喜历算之学。梅文鼎能以民间历家的身份进入首都的文化圈子,李光地起了很大作用。修历之余,梅文鼎在李家开馆,李子钟伦、弟鼎征皆一同学习。李光地以前曾问师于他人,结果都未得藩篱,得梅文鼎指授后学问大进。

在学习过程中,李光地深感梅文鼎和缓善诱,使人茅塞顿开,就建议他"略仿元赵友钦《革象新书》体例,作为简要之书,俾人人得其门户"。梅文鼎遂于1690年夏天动笔,数月得稿50余篇,采用问答的形式,广泛地讨论了各种天文历法问题,这就是后来使他进身扬名的《历学疑问》。

"丈夫志翀举,三山犹借途。"梅文鼎在北京期间,康熙皇帝正热衷于向传教士学习天文、数学,对他的才学已略有耳闻。1692年,康熙在乾清门与群臣讨论历算,熊赐履、张玉书、张英等身居大学士的要员俱不能答对。康熙说:"你们汉人全然不晓得算法,惟江南有个姓梅的他知道些。"话语中仍带着当年裁断杨光先案件时的芥蒂,但对梅文鼎的垂青已露端倪。

1693年,梅文鼎离京南归。同年,李光地为《历学疑问》作序,又于1699年出资刻于河北大名。1702年,康熙南巡驻跸德州,旨令李光地取所刻书来看。李光地倒是很能揣摸皇帝的心理,急忙回奏说:"我刻的那些经书和制举时文皇上不屑一看,现有宣城梅处士的《历学疑问》三卷,谨呈求圣诲。"康熙说:"朕留心历算多年,此事朕能决其是非,将书留览再发。"没想到第二天康熙召见李光地时又说:"昨所呈书甚细心,且议论亦公平,此人用力深矣。朕带回宫中,仔细看阅。"一年后康熙发回原书,只见书中"小圈如粟米,大点如蝇脚,批语尚用朱笔,蝇头细书,另书纸条上,恐批坏书本。又有商量者,皆以高丽纸一细方,夹边缝内以识之"。李光地复请康熙指出书中疵谬,康熙说:"无疵谬,但算法未备。"这是康熙第一次读到梅文鼎的著作。同年,康熙赐《几何原本》《算法原本》二书给李光地,李光地"未能尽通,乃延梅定九至署,于公暇讨论其说"。康熙曾数度问及民间隐沦之士,李光地皆举荐梅文鼎应对。

1705年3月,康熙再度南巡,听说梅文鼎还在李光地署中,就对李光地说:"朕归时,汝与偕来,朕将面见。"6月,康熙北归,李光地与梅文鼎在德州以南临清州的运河岸迎候,康熙遂召见他们于御舟中。河上凉风习习,康熙兴致很浓,与梅文鼎纵谈天文、数学,随后"赐食、赐坐,夜分乃罢,撤御前烛,命小黄门送归"随行小舟。如是者三日,直到御舟驶到天津北面的杨村。临辞,康熙除向梅文鼎赠物外,又特书"绩学参微"四字,表彰他在天文、数学方面的艰辛劳动和深刻造诣。康熙对李光地引荐梅文鼎十分满意,说:"历象算法,朕最留心,此学今鲜知者,如文鼎,真仅见也。其人亦雅士,惜乎老矣。"

1712年,康熙开蒙养斋修《律历渊源》,即召梅文鼎的孙子梅瑴成至京,赐为举人并充任蒙养斋汇编官。兼具天赋与家学的梅瑴成不久就显露才华,成为这项工作的主要负责人,1715年被赐为进士并充任《律历渊源》总裁。《律历渊源》是一部一百卷的鸿篇巨著,其中《律吕正义》五卷是关于音律学的,《历象考成》四十二卷是关于天文学的,《数理精蕴》五十三卷是关于数学的。《律吕正义》书成之后,康熙曾对梅瑴成说:"汝祖留心律历多年,可将《律吕正义》寄一部去,令看,或有错处,指出甚好。夫古帝王有'都俞吁咈'四字,后来遂止有'都俞',即朋友之间,亦不喜人规劝,此皆是私意。汝等须竭力克去,则学问自然长进。可并将此意写与汝祖知之。"

1721年,《律历渊源》全部告成,梅文鼎已89岁高龄,仍在家中孜孜不倦地学习。"毂成请假归省,逾月而君(指梅文鼎)卒。"康熙亲自过问其丧事,命江宁织造曹𫖯营地监葬。

　　梅文鼎是民间知识分子学习西方科技知识的代表,康熙则以天朝上国之君的身份亲躬西学,这两位杰出人物的交流,标志着清代天文、数学研究的一个高潮,可以说是后来乾嘉学派在历算领域复兴传统学术的先声。方苞曾将梅文鼎与同时闻名的万斯同进行比较,说万斯同"自少以明史自任,而兼辨古礼仪节,士之欲以学古自鸣,及为科举之学者皆辏焉,旬讲月会,从者数十百人",而梅文鼎"所抱历算之说,好者甚稀,惟安溪李文贞及其徒三数人从问焉"。及至康熙隆遇梅文鼎,"公卿大夫群士皆延跂愿交"。在一向以文取士的中国封建社会里,皇帝礼遇科学家可是"真仅见也"。除他们对天文、数学有共同的爱好之外,还有一个重要的社会历史方面的原因,这就是梅文鼎鼓吹的"西学中源"说能够迎合康熙皇帝政治上的需要。

四、谁知欧罗言,乃与《周髀》同

　　在明清之际西学传入中国的过程中,存在着一种与之抵牾的理论,这就是由梅文鼎阐发完善的所谓"西学中源"说。

　　其实首肇此说的并不是梅文鼎。明清易代引起的政治动荡,致使一部分怀有强烈民族感情的知识分子深省,他们由读经论道转而攻读天文、地理等经世之学,以图匡复明室和发扬所谓华夏文化。由于当时对外国文化历史的了解不多,又由于"普天之下,莫非王土；率土之滨，莫非王臣"的王道正统思想根深蒂固，狭隘的（汉）民族文化优越感和严酷的现实交加，终于酿成"西学中源"说生长的气候。著名学者黄宗羲在反清兵败后浮于海上，日与人"坐船中正襟讲学，暇则注《授时》《泰西》《回回》三历"，"尝言勾股之术乃周公、商高之遗而后人失之，使西人得以窃其传"。梅文鼎和黄宗羲有着共同的思想基础和多种渠道的联系，因而认为他的"西学中源"说受到黄宗羲的启发是有可能的。明末另一个学者陈荩谟作《度测》一书，其自序中写道："《九章》参伍错综，周无穷之变，而勾股尤奇奥，其法肇见《周髀》，周公受之商高……《周髀》者，勾股之经；《法义》（即徐光启、利玛窦合译的《测量法义》）者，勾股之疏传也。"全书一开始就引用《周髀算经》篇首之周公与商高的对话并逐段解说，称为"诠经"，目的是"使学者溯矩度之本其来有自，以证泰西立法之可据焉"。梅文鼎亦曾于多处提到陈荩谟和他的《度测》，这种认为中国古代的"勾股"术是一切数学之本的观点无疑也对梅文鼎产生了影响。

然而"西学中源"说的集大成者是梅文鼎，集大成之作是《历学疑问》和其后续成的《历学疑问补》。通过这两部书，他完成了天文学领域的"西学中源"说。梅文鼎是有一套自圆其说的理论体系的，概括起来有以下六论：

一论中、西二法之同异，提出可资比较的具体内容。例如，他指出中法的"盈缩招差"与西法的"最高加减"，中法的"定气"和西法的"日躔过宫"，中法的"岁差"和西法的"恒星东行"，中法的"里差"和西法的"各省节气不同"，中法的"五星迟留逆伏"和西法的"本轮均轮说",这些内容在本质上是相同的。中法不讲五星纬度而西法言之,中法以夏正为岁首而西法以日会恒星为岁首,中法月离始于朔而西法始于望,中法论日始子半而西法始午中,中法闰月而西法闰日,中法有二十八宿而西法有十二宫,中法用干支纪日纪岁而西法用七曜纪日总积纪年,中法节气起于冬至而西法起于春分,等等,这些内容中西双方是有区别的。应该承认,他在这方面的工作是实事求是的。

二论"历学古疏今密",说明天文学在世界各地都是由低级阶段向高级阶段发展的,弦外之音是说当今西法胜于中法是青出于蓝。

三论"《周髀》所传之说必在唐虞以前",从而把"盖天说"形成的上限提前了数千年。在此梅文鼎同当时多数学者一样,把传本《周髀算经》的成书年代与其中存留的早期天文史料混为一谈。

四论西方天文学中的许多论断均见于中华典籍,这是整个"西学中源"说的中坚部分。梅文鼎凭借自己熟悉古代文献的长处和丰富的想象力,把许多西方天文学知识逐一贴上"中国造"的标签。例如,他说"地球有寒暖五带之说"即《周髀算经》中的"七衡六间说","地圆说"即《黄帝内经·素问》中的"地之为下说","本轮均轮说"即《楚辞·天问》中的"圜则九重说","浑盖通宪即古盖天法","简平仪亦盖天器,而八线割圆(指三角学)亦古所有",等等。除此,他还大量征引邵雍、程颢、朱熹等名儒语录作为旁证,这些做法特别能迎合当时知识分子的兴趣。

五论伊斯兰天文学,得出《回回历》为西洋旧法、《崇祯历书》为西洋新法的结论,从而确认中土之学得以西传的途径。这一结论并不正确，但是梅文鼎在对世界历史缺乏了解的情况下，看出了伊斯兰天文学（以及一部分印度天文学）与古希腊天文学的亲缘关系，实属难能可贵。

六论"中土历法得传入西国之由"，为此梅文鼎借《尚书·尧典》虚构了一个故事，说尧命羲和仲叔四人"钦若昊天""敬授人时"，至周末"畴人子弟分散"，东、南两面有大海相阻，北面有严寒之畏，只好挟书器而西征，西域、天方诸国接壤于西陲，所以"势固便也"，成就了被称为西洋旧法的"回回历"；而欧罗巴"在回回西，其风俗相类，而好奇喜新竞胜之习过之，故其历法与回回同源而世世增修"，遂成为西洋新法。溯其源流，皆出于中土。

"谁知欧罗言，乃与《周髀》同。"以上六论，前呼后应，用心可谓良苦，表面也可自圆其说。

"西学中源"说在数学领域的一个标本是"几何即勾股论"，梅文鼎在著作中不厌其烦地阐述这一观点。他的《几何通解》副题为"以勾股解《几何原本》之根"，书中全部 15 个欧几里得定理皆由传统"勾股和较术"证出，以此说明"几何不言勾股，然其理并勾股也"以及"信古《九章》之义，包举无方"的道理。在《勾股举隅》中他写道："言测量至西术详矣，究不能外勾股以立算，故三角即勾股之变通，八线乃勾股之立成也。"他在《平三角举要》中说："三角不能出勾股之外，而能尽勾股之用，一而二、二而一者也。"在《弧三角举要》中则说："全部《历书》（指《崇祯历书》）皆弧三角之理，即皆勾股之理。"至于球面三角计算的关键，他说

"窃为一言以蔽之，曰析浑圆寻勾股而已"，这样就把三角学也纳入传统勾股术的范畴。在《堑堵测量》中说"用立三角以量体者，仍平三角也，而用（平）三角以量面，仍勾股也"，"《堑堵测量》者，勾股法也，以西术言之，则立三角法也。古《九章》以立方斜剖成堑堵，其两端皆勾股，再剖之，则成锥体，而四面皆勾股矣"，把立体几何也归于勾股。

梅文鼎倡"西学中源"说，主观上有发扬中华文化、振奋民族精神的愿望，其中也不乏一些合理的见解，但其论证方法和总的结论却是错误的。"形成这些错误，一方面限于当时的知识（就是到阮元编《畴人传》时，对西洋天文、数学家的先后次序还弄不清），另一方面是过分强调了中国的文化悠久、在学术上中国也是大国的这种传统思想。"然而"西学中源"说确能折中聚讼百年之久的中西之争，因为它既迎合当时中国知识界宣示中华文化正统性的主观愿望，又在暗中接受了西法胜于中法这一事实。

康熙本人就是"西学中源"说的又一标本——"阿尔热八达即东来法"的制造者。康熙还作有《三角形论》，梅文鼎对此赞曰："御制《三角形论》言西学贯源中法，大哉王言，著撰家皆所未及。""伏读圣制《三角形论》，谓古人历法流传西土，彼土之人习而加精焉尔，天语煌煌，可息诸家聚讼。"其实康熙所论"著撰家皆所未及"的，正是梅文鼎反复阐说的"几何即勾股论"。在漫长的中国传统社会里，"声教四达""远人慕化"一向被看成是国盛民昌的标志。而今传教士竟"教化"到中土来了，他们的仪器能准确预测天象，他们的奎宁能治好汤剂无补的疟疾，这是令人痛苦而又不得不正视的现实。作为天朝上国之君的康熙皇帝，他从传教士带来的西方文明中似乎已嗅到某种危险的气息，他曾说："海外如西洋等国，千百年后，中国恐受累。"要想抵消这种外来文化的影响而维护其帝制的正统性，要想在不失帝王尊严的情况下接受杨光先失败的事实和学习更能反映客观实际的西方科学知识，康熙看中了梅文鼎的"西学中源"说。由于他的介入，连传教士也只得委曲奉迎。及至清中叶，"西学中源"说经戴震、阮元、李锐等人继承和发挥，成了以乾嘉学派为代表的复古主义者们的一个重要思想武器，这一狭隘民族主义精神的产物助长了国人故步自封的情绪，对于近代科学在中国的传播产生了一定的消极影响。

五、至哉九数功，隐赜亦昭揭

"惟淡与泊，有时相遭，天风泬寥，群籁箫箫。"这是徐善为梅文鼎画像所题的赞语。一些同代学者也对他的淡泊功名留下好评：毛际可称梅氏"素性恬退，不欲自炫其长以与人竞"，施闰章称梅氏"平生既罕征逐""无时人馆饤裘马之习"。

他一生致力于科学研究，反对谶纬迷信。明末米脂令边大受曾发人掘李自成父亲墓，后被农民起义军擒获，只是由于清兵入关才得逃一死，边大受仕清后撰《虎口余生录》记述此事。梅文鼎读此书后，一面攻击李自成"以一狡贼狈猖，覆明二百余年宗社"，另一面认为"以自成之败为大受功，此大不然。夫风水之惑人深矣"，"吾惧其说之不可以训而启人不仁，贻死者无穷之患"，既表明了他对风水先生的批判，也显示了他对加罪于冢中朽骨之劣行的否定。

在《阳宅九宫书题辞》一文中,他也无情地嘲讽了勘舆家的"九星飞白说"是"自误误人,贻害万世"。

梅文鼎生平主要以授馆为业,教书之余则埋头著作,据他70岁时自撰的《勿庵历算书目》统计,内中共有天文、数学著作88种,当时已刻出的有31种。梅文鼎生前,河北名儒魏荔彤曾延至馆中订正其生平所著,但因"不乐与俗吏久处""竟未卒事",后来魏荔彤又请来梅文鼎的友人杨作枚主持其事。在梅文鼎去世后不久的1723年,魏荔彤刊刻的《梅氏历算全书》问世;后来梅瑴成嫌其校刊不精,又组织族人编辑成《梅氏丛书辑要》,于1759年出版。这两套丛书在清代被一再重刻,并被分别采入《四库全书》和《四库存目》之中。除此之外,梅文鼎的著作尚有多种单行本或合刊本,刊刻年代自康熙时期至民国初年,地域则遍及皖、苏、闽、蜀、陕、冀等省。

《梅氏历算全书》刊行不久就东传日本,德川幕府的八代将军吉宗命关流二传中根元圭训点,这一珍贵的训点本今日还珍藏在日本的宫内厅书陵部。文政年间安倍朝臣"偶得清梅定九《历学疑问》,反复数四,乃喟然叹曰:此书该博古今,涉猎彼此,微旨奥义,要归允当,吾之所欲演述者旁载不漏,夫与构成稿本之持久,宁从校订完书之便捷",遂"命门生加之训传又亲考订上梓,以公于世"。可见梅文鼎的著作也曾流布海外,产生了一定影响。

梅氏数代治历算,文鼎弟文鼐、文鼏,子以燕,孙瑴成、玕成,曾孙鈖、铁、钫、镠、镶等也都学有所长,这一盛状足以与瑞士伯努利的数学家族以及英籍德裔的赫歇尔天文学家族相媲美。梅氏后人中最出名的要数梅瑴成了，瑴成字玉汝，号循斋，年幼即在祖父身旁学习。他除自撰《操缦卮言》《赤水遗珍》，编辑《增删算法统宗》外，还协助祖父完成了《平立定三差详说》《揆日纪要》《日差原理》等书。编辑完《律历渊源》以后，他又先后负责汇编官修《历象考成》《历象考成后编》以及《时宪书》的工作，使先祖的若干学术观点和研究成果得以在御制的旗号下播扬于世。

家学以外，梅文鼎也热衷于授徒传道。他最得意的门生刘湘煃"鬻产走千余里，受业其门，湛思积悟，多所创获"，梅文鼎的行星运动理论就是通过与刘湘煃的讨论切磋而完备的。另一个叫张雍敬的人也"裹粮走千里，往见梅文鼎，假馆授餐逾年，相辩论者数百条，去疑就同，归于不疑之地"。与梅文鼎有过交游或师生之情的学者很多，如李子金、杜知耕、魏禧、潘耒、杨锡三、杨作枚、金长真、蔡璿、马德称、年希尧、李钟伦、李鼎征、李光坡、魏廷珍、陈万策、陈厚耀、庄亨阳、孔兴泰、胡宗绪、李焕斗、刘介锡、潘天成、游艺、袁士龙、汤濩、毛乾乾、谢廷逸等人，都以历算知名。私淑梅学者中声名最著的是皖派汉学的先锋江永，撰书名为《翼梅》，取意与梅氏共阐一线之传。江永的高足戴震对梅文鼎也深为叹服，其作《勾股割圆记》本梅氏书言三角，在主持《四库全书》的编纂过程中，格外留意辑录和校刊古代历算文献，促成了乾嘉学派复兴传统天文、数学的高潮。难怪有人说："我国科学最昌明者，惟天文算法，至清而尤盛。凡治经学者多兼通之。其开山之祖，则宣城梅文鼎也。"

梅文鼎是一个相当复杂的历史人物：他既想学习先进的西方

科学，又担心背上"数典忘祖"的罪名；他既宣扬"数学者征之于实"的唯物主义观点，又流露出"大易含参两，灵秘开马图"的数学神秘主义思想；他既淡泊功名享乐，又喋喋不休地感恩于康熙的礼遇；他积极引进新鲜事物，介绍西方的笔算和筹算，但为了适应"中土圣人之旧而吾人所习"，而将前者"易横为直"、将后者"易直为横"，这又是保守性的表现；他出于民族自尊心宣扬传统科学的成就，但他鼓吹的"西学中源"说却带着沙文主义味道，并成了专制帝王维护统治的一个思想武器。所有这些矛盾都不是由他的个人品质或经历所决定，而是当时整个民族和整个社会在西方文明冲击下所面临的两难境地的集中反映。我们只有置身于明末清初那个广阔的社会背景之中，才能对他的工作和思想作出客观的评价。

从明万历到清康熙的一百几十年时间里，中国知识界对待西方传入的科学知识大致有三种不同的态度。第一种以杨光先为代表，他们在反对天主教的同时也反对传教士带来的科学知识，这种把婴儿连同污水一道泼掉的做法遭到了彻底的失败。第二种以徐光启为代表，他们努力学习和引进西学，对于推动中国科学技术的发展起到了一定的作用；但是他们对传统知识的认识和对西方科学的评价都失之偏颇，因而失去社会基础而不能成功。第三种以梅文鼎为代表，他们能够"去中西之见，以平心观理"，批判地吸收外来文化，并以特殊的方式融会贯通。对于一个具有悠久文明和自己独特天文、数学传统的国家来说，梅文鼎的方式是广大知识分子乐于接受和实际上接受了的一种方式。梅文鼎在清初享有"国朝算学第一"

声誉的主要原因也就在此。

"至哉九数功,隐赜亦昭揭。"近年来,梅文鼎这个人物正受到越来越多的重视,国外及我国台湾地区的一些学者先后发表了他们的研究结果。目前还有许多人正在对梅文鼎的生平和著作进行调查和研究,相信随着有关工作的深入和新材料的发现,我们将会对这个清代科学史上的重要人物有进一步的了解和认识。

(作者:刘　钝)

李善兰

中国近代科学的先驱者

李善兰

(1811—1882)

> 小学略通书数,
> 大隐不在山林。
> ——李善兰晚年自署门联

浙江省海宁县（今浙江省海宁市），位于钱塘江口，杭州湾北岸。这里气候温和，土地肥沃，雨量充沛，物产丰富，是一个山清水秀的鱼米之乡。县境内东北部的硖石镇，沿江两岸有审山、紫微山之胜，俗呼东山、西山，灵秀所钟，代有传人。东山脚下，住着一户李姓读书世家，溯其祖宗，乃南宋末年京都汴梁（今河南开封）人李伯翼，他"读书谈道，不乐仕进，有荐为山长者，卒辞不就"。元初，因其子李衍举贤良方正，授朝请大夫嘉兴路总管府同知，迎养来浙，旋即定居硖石。500年来，传宗接代至十七世孙，名曰李祖烈，号虚谷先生，乃经学名儒。祖烈初娶望海县知县许季溪的孙女为妻，不幸许氏早殇；继娶妻妹填房，又病故。后续弦崔氏，系名儒崔景远之女，知书达礼，性情贤淑。婚后二人感情日笃，相敬如宾。1811年1月2日凌晨子时，崔氏生下个白白胖胖的大小子。斯时，祖烈已年逾四十，中年得子，欣喜若狂。他捋着唇边不多的几根山羊胡须，一眼瞥见案头平素最心爱的一盆君子兰，正早早地开出了几朵淡红色的花星星儿，竟吐芬芳，于是给刚刚呱呱下地的胖儿子取名叫作心兰，字竟芳。这个孩子，就是日后成为我国近代科学先驱者的李善兰[1]。

一、酷爱天算，无师自通

李善兰自幼就读于私塾，受到了良好的家庭教育。他的父亲视他若掌上明珠，却也并不过分溺爱，总是鼓励他勤做功课。他本来就资禀颖异，再加上勤奋好学，故于所读诗书，过目即能成诵。长辈和邻里都夸他是个有出息的孩子。

9岁那年，有一天他从书架上取下来一本古书，一看封面，"九章算术"四个篆字赫然映入眼帘。他平时读熟了"四书五经"，做惯了八股文章，还从来没有听说过有什么《九章算术》的书呢！他怀着极大的好奇心打开来一看，没有"子曰"，也没有"之乎者也"，却有什么"方程""勾股""盈不足"之类的词儿，令他感到十分新奇有趣。

《九章算术》是一部数学书，它大约成书于公元1世纪，包括了方田、粟米、衰分、少广、商功、均输、盈不足、方程和勾股九部分。到了公元3世纪，杰出的数学家刘徽又为它详加注解，在数学理论方面有不少新的创造。1000多年来，《九章算术》一直是我国古代传统数学的经典著作和教科书。自唐宋实行科举考试制度特别是明清采用八股取士之后，一般知识分子都醉心于研读"四书五

---

[1] 李心兰，庠名善兰，字竟芳，号秋纫，别号壬叔。《海宁州志稿》《清史稿》《畴人传》及其后诸书均误作"李善兰，字壬叔，号秋纫"。

经"，习诗词歌赋，而视数学为"九九小技"，认为于仕途经济无所补益，致使《九章算术》等数学书籍在明清之际几乎失传。幸而清乾隆年间，因编辑《四库全书》，从明《永乐大典》中发现了这部书，著名学者戴震为之校勘，并于1774年用活字版排印，以武英殿聚珍版本刊行，才得以重新流传于世，为当时数学家和一般汉学家所重视。

这部算书有刘徽的注解，又有戴震的校勘，李善兰读起来并不感到吃力。他很快就被书中数学问题的实用、计算方法的巧妙深深吸引住了。从此，他每天偷偷演算书中的几个题目，由浅入深，循序渐进，不多久就把全书246个应用问题全部做出来了。他开始迷上了数学。

到他14岁的时候，又靠自学读懂了欧几里得《几何原本》前六卷。这是约200年前明末意大利耶稣会传教士利玛窦于1607年与徐光启合作翻译成中文出版的，内容包括直线形和圆的基本性质、比例论和相似形等，对我国数学界产生过积极的影响。徐光启本人就高度评价过《几何原本》："此书为益，能令学理者祛其浮气，练其精心；学事者资其定法，发其巧思，故举世无一人不当学。"的确，欧氏几何严密的逻辑体系、清晰的数学推理，与偏重实用解法的中国古代传统数学旨趣相异，自有它的特色与长处。李善兰在《九章算术》的基础上，又吸取了《几何原本》的新鲜血液和养料，这使他的数学造诣日趋精深。

又过了几年，作为州县的生员，李善兰到省府杭州参加乡试。因为他"于辞章训诂之学，虽皆涉猎，然好之总不及算学，故于算学用心极深",结果八股文章做得不好,未曾中举,落第而归。但他却毫不介意,而是利用在杭州的机会,留意搜寻各种数学书籍。一天,他在书坊的摊头上发现了古代数学家李冶关于"天元术"的名著《测圆海镜》和校勘《九章算术》的清初学者戴震关于三角学的《勾股割圆记》,爱不释手,立即买回家去,仔细研读。从此,他的数学水平有了更大的提高。

海盐人吴兆圻(字秋塍,原名尔康)《读畴人书有感示李壬叔》诗中说:"众流汇一壑,雅志说算术。中西有派别,圆径穷密率。""三统探汉法,余者难具悉。余方好兹学,心志穷专一。"许澍祥注曰:"秋塍承思亭先生家学,于夕桀、重差之术尤精。同里李壬叔善兰师事之。"看来,李善兰曾向吴兆圻学习过数学。但李善兰本人没有提过此事,可见吴兆圻对他的影响不大,他的数学知识主要是靠自学得来的。

李善兰在故里与蒋仁荣、崔德华等亲朋好友组织"鸳湖吟社",常游"东山别墅",分韵唱和。一年春天,他们又结伴上山,一路只见漫山遍野的蝴蝶花开,惹来双双对对彩蝶纷飞,李善兰不禁脱口而出半联"蝴蝶花开蝴蝶飞",命蒋仁荣之子蒋学坚即对。小学坚稍加思索,对曰:"鸳鸯草长鸳鸯宿。"众人击掌称绝。李善兰高兴地俯下身去,又问道:"你有办法量出东山的高来吗?"学坚想了一会,摇摇头。这时,李善兰从地上拾起一根草芥,平伸手臂,眯着眼睛,沿着草芥方向对准东山一瞄:"二十六丈!"一口就说了出来。同行者无不惊讶。一路上,李善兰便给小学坚讲解怎样利用相似勾股形对应边成比例的原理测算高、深、广、远的方法。

李善兰很重视实测,连他的经学老师陈奂都说他:"孰习九数之术,常立表线,用长短式依节候以测日景,便易稽考。"

李善兰的妻子徐氏也是个书香门第的大家闺秀。结婚那天晚上,却不见了新郎。大家都很着急。李善兰的二弟心梅和小弟心癸心中有数,他们跑上二楼阁楼的窗前一看,心兰大哥果然猫着身子,探头于窗外,正聚精会神地观看着天上的星星呢!原来中国古代数学与天文历法有很深的渊源关系,常常统称为"天算"或"历算",李善兰为了研究数学和天文历法,平时经常独自上东山,"夜尝露坐山顶,以测象纬躔次"。当晚,他来不及上山去了,只好跑到阁楼的窗台上进行每天例行的天象观测。100多年来,李善兰洞房花烛夜"失踪"的故事,一直在他的家乡、他的晚辈中传为美谈。

二、朝廷养兵本卫民,临敌不战为何哉

1840年,李善兰29岁的时候,鸦片战争爆发了。野心勃勃的英国侵略者,用鸦片和大炮轰开了中国的大门。从此,中国由一个封建社会,一步一步地变成了一个半殖民地半封建的社会。

1842年5月,英军攻陷江浙海防重镇乍浦。乍浦离李善兰的家乡硖石只有几十里的路程。李善兰耳闻目睹了侵略者烧杀淫掠的血腥罪行,满怀悲愤,奋笔疾书《乍浦行》一诗:"壬寅四月夷船来,海塘不守城门开。官兵畏死作鼠窜,百姓号哭声如雷。夷人好杀攻用火,飞炮轰击千家灰。……饱掠十日扬帆去,满城尸骨如山堆。

朝廷养兵本卫民,临敌不战为何哉?"不仅表达了他对侵略者的刻骨仇恨、对老百姓的深切同情,而且表达了他对清政府临敌不战的强烈不满,还表达了他对敌主战的鲜明态度。

人民群众不堪忍受侵略者的凌辱。有一女子名叫刘七姑,在敌人的淫威面前,宁死不屈,投井自尽。李善兰写了一首民歌体裁的《刘烈女》诗:

夷船海上来,将军不敢守。
炮声一震魂魄丧,骑马掩耳出城走。
呜呼!将军性命重如此,烈女乃于井中死。

通过用通俗明白的语言对"将军"和"烈女"不同形象的生动描绘,褒贬爱憎的感情色彩何其鲜明!李善兰还在《汉奸谣》中痛斥了那些民族败类"割民首级争献功"的罪行,对于"街头义勇捉汉奸",对汉奸严惩不贷,"为尔良民一雪仇"的举动,表示欢欣鼓舞,拍手称快!

鸦片战争血淋淋的事实,激发了李善兰爱国忧民的进步思想。他在一定程度上看到了清朝封建统治阶级的腐朽,但由于时代的局限性,他还不可能站在反对清朝政府的革命立场上,不可能认识到要改变这种现状必须从根本上推翻封建制度。他同当时许多爱国知识分子,如龚自珍、林则徐、魏源、徐寿等人一样,更看到的是外国侵略者得以猖狂所恃的"船坚炮利",以及中国科学技术落后的现实,因而认为要使国家强盛起来,关键在于振兴科学技术事业。李善兰则更进一步认为,要发展科学技术,首先要提高数学水平。以下这一段话,是他从事数学研究的目的和动机的最好表白:

> 呜呼!今欧罗巴各国日益强盛,为中国边患。推原其故,制器精也;推原制器之精,算学明也。……异日(中国)人人习算,制器日精,以威海外各国,令震慑,奉朝贡。

三、二庵逝后更推谁,小李将军算法奇

鸦片战争以后,李善兰在家乡刻苦地从事着数学和天文历法的研究工作。

1845年前后,李善兰"馆嘉兴陆费家"。当时,陆费家利用厅堂搭几个床铺,便利各县来嘉兴赴考的诸生膳宿。李善兰因此得以与江浙一带的学者(主要是数学家)顾观光、张文虎、汪曰桢等人相识,并经常在一起讨论数学问题。顾观光为李善兰的《对数探源》(1845)等有关"尖锥术"的著作撰序,张文虎为《弧矢启秘》(1845)校算,汪曰桢"以诗代书与李善兰结交",并"以手抄元朱世杰《四元玉鉴》三卷见示",李善兰"深思七昼夜,尽通其法,乃解明之",于是著《四元解》(1845),阐述高次方程组的消元解法。稍后,李善兰又撰《麟德术解》(1848),解释唐李淳风《麟德历》中的二次差内插法。

此间，李善兰最重要的研究成果是数学中的"尖锥术"（1845）。当时西方数学界已发展到为17世纪后半叶建立起来的微积分学奠定严密的理论基础。而由于清政府长期奉行闭关自守政策，中国数学界除见到少数几个由传教士带进来的三角函数无穷级数表达式和对数计算方法之外，其余则一概不知。就是这些公式和方法，也只有结论，没有推导的过程和计算的原理。在这种情况下，李善兰异军突起，独辟蹊径，通过自己的刻苦钻研，在中国传统数学垛积术和极限方法的基础上，发明尖锥术，不仅创立了二次平方根的幂级数展开式，各种三角函数、反三角函数和对数函数的幂级数展开式，而且还具备了解析几何思想和一些重要积分公式的雏形。这在近代数学尚未自西方传入中国的条件下，是很了不起的成就。

首先，李善兰所创立的尖锥概念，是一种处理代数问题的几何模型。它由互相垂直的底线、高线和凹向的尖锥曲线所组成，并且在考虑尖锥合积的问题时，也是使诸尖锥有共同方向上的底线和高线，这样的底线和高线具有平面直角坐标系中纵、横两个坐标轴的作用。

其次，这种尖锥是由乘方数渐增渐迭而得，尖锥曲线是由随同乘方数一起渐增渐迭的底线和高线所确定的点变动而成的轨迹。由于李善兰把每一条尖锥曲线看作是无穷幂级数中相应的项，实际上他给出了直线（长方、平尖锥）、抛物线（立尖锥）、立方抛物线（二乘尖锥）等方程。他的对数合尖锥曲线还相当于给出了等轴双曲线的方程。

最后，李善兰的尖锥求积术，实质上就是幂函数的定积分公式和逐项积分的运算法则。同时，李善兰用这种积分的方法，配合还原（级数回求）、商除等代数运算方法，卓有成效地展开了许多超越函数，这也是属于微积分学早期阶段的工作。

特别值得一提的是，李善兰的对数论建立在尖锥术的基础上，很具特色，受到中外学者的一致赞誉。英国传教士伟烈亚力就说过："李善兰的对数论，使用了具有独创性的一连串方法，达到了如同圣文森特的格列哥利于十七世纪发明双曲线求积法时一样的结果"，"倘（李善兰）生于纳皮尔、布里格斯之时，则只此一端，即可名闻于世"。顾观光发觉李善兰求对数的方法比传教士带进来的方法高明、简捷，认为这是洋人"故为委曲繁重之算法以惑人视听"，因而大力表彰"中土李（善兰）、戴（煦）诸公又能入其室而发其藏"，大声疾呼"以告中土之受欺而不悟者"。

1851年，李善兰与著名数学家戴煦相识。戴煦于1852年称："去岁获交海昌壬叔李（善兰）君……缘出予未竟残稿请正，而壬叔颇赏予余弧与切割二线互求之术，再四促成，今岁又寄札询及，遂谢绝繁冗，扃户抄录，阅月乃竟。嗟乎！友朋之助曷可少哉？……兹非壬叔之劝成，则以予之懒散，必至废搁以终其身。"

由此可见，李善兰在数学上能取得重大成就，除靠他自己刻苦钻研，继承传统，又不为传统所囿，敢于创新之外，还在于他同友人在学术上相互切磋，取长补短，共同提高。李善兰的外甥崔敬昌，也曾谈到数学家罗士琳、徐有壬"与先舅父交最挚，邮递问难，常朝覆而夕又至"的情况。李善兰的数学著作于20年后才得以刊行于世。

清初有两位天算大师王锡阐（字寅旭，号晓庵）、梅文鼎（字定九，号勿庵）。清末李善兰，不仅完全可与他们媲美，而且大有过之。蒋学坚说："李先生算学为中外所共仰，国初王晓庵、梅勿庵二先生后，当首屈一指。"又有诗称李善兰"步算中西独绝伦"，"王梅而后此传人"，"二庵之后更推谁，小李将军算法奇"。这些颇为传神的赞誉之词，对于晚清数学界的巨擘李善兰来说，是当之无愧的。

四、朝译《几何》，暮译《重学》

1852年夏天，李善兰到上海墨海书馆，将自己的数学著作"予麦（都思）先生展阅，问泰西有此学否。其时有住于墨海书馆之西士伟烈亚力，见之甚悦，因请之译西国深奥算学并天文等书"。传教士们还"设西国最深算题，请教李君，亦无不冰解"。李善兰的学识得到了外国传教士的赞赏，从此开始了他与外国人合作翻译西方科学著作的学术生涯。

上海墨海书馆是1842年中国近代史上第一个不平等条约——《中英南京条约》规定"五口通商"之后，英国传教士麦都思于1843年到沪建立起来的。1847年伟烈亚力来华加入合伙经营。1849年招聘中国学者王韬为编辑，开始准备翻译西方科学书籍。至李善兰去后，才得以付诸实施。

李善兰与伟烈亚力翻译的第一部书，是"续徐（光启）、利（玛窦）二公未完之业"——欧几里得《几何原本》后九卷。内容包括数论、无理数和立体几何等。据伟烈亚力说,《几何原本》的英文版本"校勘未精,语讹字误,毫厘千里,所失匪轻",而"(李善兰)君固精于算学,于几何之术,心领神悟,能言其故。于是相与翻译,余口之,君笔之。删芜正讹,反复详审,使其无有疵病,则李君之力居多,余得以借手告成而已"。看来,这并非谦逊之词。因为翻译的过程是伟烈亚力口述,李善兰笔录。这种笔录,是对口述的再翻译,整理、加工乃至创造的比重都是很大的。李善兰自己也说"当笔受时,辄以意匡补",如此"屡作屡辍,凡四历寒暑,始卒业","伟烈(亚力)君言,异日西土欲求是书善本,当反访诸中国矣"。

在译《几何原本》的同时,李善兰又与英人艾约瑟合作翻译了英国物理学家胡威立(惠威尔)的《重学》二十卷,附《圆锥曲线说》(原著者不详)三卷。这是中国近代科学史上第一部包括运动学和动力学、刚体力学和流体力学在内的力学译著,也是当时最重要、影响最大的一部物理学著作。"制器考天之理皆寓于其中。"李善兰"朝译《几何》,暮译《重学》",分别与两个外国人合作,同时翻译两门不同学科的科学著作,其紧张辛苦的程度,是可想而知的。

李善兰与伟烈亚力合译的西方天算书籍,还有《谈天》十八卷、《代数学》十三卷和《代微积拾级》十八卷。

《谈天》是根据英国著名天文学家侯失勒(赫歇尔)的名著《天文学纲要》第四版(1851)翻译过来的,内容包括哥白尼学说、开普勒定律、万有引力定律等。为了在中国普及近代天文学知识,李善兰为这部书取了"谈天"这样一个通俗、生动的译名,真是用心良苦!李善兰还为《谈天》写了一篇序言,以"歌白尼(哥白尼)求其故,则知地球与五星皆绕日""刻白尔(开普勒)求其故,则知五星与月之道皆为椭圆""奈端(牛顿)求其故,则以为皆重学之理也"等西方天文学理论不断完善的过程,来说明科学的发展正是由于科学家不断探索真理,不断"苟求其故"的结果,从而批判乾嘉学派的泰斗阮元对哥白尼学说的攻击和钱大昕对开普勒椭圆运动定律的实用主义观点,说他们"未尝精心考察,而拘牵经义,妄生议论,甚无谓也"。然后,再以恒星光行差、地道半径视差和矿井坠石,彗星轨道和双星相绕运动等科学事实,证明地动和天体椭圆运动规律等西方近代天文学成果,是"定论如山,不可移矣"。这使中国天文学界耳目为之一新,近代天文知识开始在中国广为传播,中国近代天文事业从此得到发展。从某种意义上讲,李善兰和《谈天》在中国天文学发展史上的转折地位堪与哥白尼和他的《天体运行论》相比。

英国数学名家棣么甘的《代数学》(1835)内容包括代数方程、方程组、指数函数、对数函数以及幂级数展开式等。这是我国第一部符号代数学的译本。西方通用的不少数学符号,例如=、×、÷、( )、$\sqrt{\ }$、>、<……,在书中被直接引用,但+、-号被译作⊥、丅,阿拉伯数码字则用一、二、三、四……,26个英文字母则用中国传统的十天干(甲、乙、丙、丁……)十二地支(子、丑、寅、卯……)外加四元(天、地、人、物)来表示。

美国罗密士的《代微积拾级》(1850)是一部高等数学的教科

书，内容包括代数几何（解析几何）、微分（一阶微分与高阶微分，偏微分与全微分）、积分（不定积分与定积分，线积分与面积分），"由易而难，若阶级之渐升"。译文用"微"的偏旁"彳"表示微分符号 d，用"积"的偏旁"禾"表示积分符号∫，再配合其他相应的表示方法，像这样的积分式 $\int \frac{dx}{a+x} = \ln(a+x) + C$，便被译为"禾 $\frac{甲 \perp 天}{彳天}$ =（甲⊥天）对⊥丙"，虽然同今天通用的数学符号和表达方式相比还相差甚远，但这是高等数学第一次被介绍进中国，国内外数学史界都给予了高度评价。

李善兰还与英人韦廉臣合译了《植物学》八卷。这是根据英国植物学家林德利的《植物学纲要》一书节译的，是我国最早一部介绍西方近代植物学的著作，内容包括只有在显微镜下才能看到的植物体内部组织构造、在实验和观察的基础上所建立的有关植物体各器官组织的生理功能的理论、以植物体本身形态构造特点为依据的科学的植物分类方法等。

此外，李善兰与伟烈亚力、傅兰雅合作翻译过大科学家牛顿的名著《自然哲学的数学原理》（1687），这是很有魄力的。该书"虽为西国甚深算学，而李君亦无不洞明"。当时的译名作《奈端数理》，译文起初"往往有四五十字为一句者，理既奥赜，文又难读"，李善兰"屡欲删改"，终未果，是为憾事。

以上这七八种书，共约七八十万字，都是李善兰在 1852 年至 1859 年这七八年间译出来的。内容除他擅长的数学和天文学以外，还有他不大熟悉的力学，特别是很不熟悉的植物学。为了使先进的西方近代科学能够在中国早日传播开来，李善兰不遗余力，兼收并蓄，克服重重困难，作出了巨大的贡献。

以上这七八种书，除《几何原本》《奈端数理》外，其他科学著作都是当时出版不久的，原著者尚健在。这些书一般说来也是比较有水平的，能代表当时西方最新的科学成就。欧几里得的《几何原本》和牛顿的《自然哲学的数学原理》虽不是当时的作品，但都是科学史上划时代的经典著作。李善兰同他的合作者对译书内容和版本的选择，是很有眼光的。

以上这七八种书，李善兰在翻译的过程中绞尽了脑汁，费尽了心机。他要把外国人的"口述"，变成他自己的"笔录"，必须对所译内容深刻理解，甚至融会贯通，才能"删芜正讹"，"以意匡补"，形成准确无误的译文。特别值得提到的是，大量的近代科学名词，都没有先例可供参考。本着为后人负责的精神，李善兰仔细思考，反复斟酌，十分贴切恰当地创译了一大批数学、天文学、物理学和植物学中的科学名词，例如：代数、常数、变数、已知数、未知数、函数、系数、指数、级数、单项式、多项式、微分、积分、轴、切线、法线、渐近线，历元、方位、视差、章动、自行、摄动、光行差、月行差、月角差、二均差、蒙气差、星等、变星、双星、三合星、本轮、均轮、分力、合力、质点、刚体、植物、细胞，等等。100多年了，这些科学名词不仅在我国流传下来，还漂洋过海，东渡日本等国，沿用至今而勿替。当我们天天与这些熟悉的科学名词打交道时，饮水思源，李善兰的开创之功，是应该永志不忘的。

李善兰在19世纪50年代的翻译工作,加上70年代初徐寿翻译《化学鉴原》、华蘅芳翻译《地学浅释》等,20年间,西方近代科学中数学、物理、化学、天文学、地理、生物,各大门类的先进知识都介绍进了中国,这为中国近代科学的发展奠定了坚实的理论基础,具有不可磨灭的历史意义。

五、辅佐洋务新政,实施科学救国

从19世纪60年代起,清政府中一部分善于通权达变的封建政治家,以总理各国事务衙门的大臣奕䜣、文祥和地方上拥有实权的大官僚曾国藩、左宗棠、李鸿章等人为代表,主张和实施引进西方资本主义国家的先进设备和科学技术,创办了一批近代军事工业和民用工业,建立起新式的海军和陆军。这些活动,史称"洋务运动"。此间,李善兰投身"洋务派"官僚集团,积极参与洋务新政中的学术活动,试图以此实行他的科学救国的理想。

1860年夏,李善兰的好友、数学家徐有壬任江苏巡抚时,太平军攻破清军江南大营,进逼苏州。徐有壬早就有心请李善兰"入佐戎藩",李善兰"以疾未果"。此时,太平军兵临城下,徐有壬不禁长叹道:"测量推步,精其术可以通兵法,壬叔(李善兰)在此,岂遂作退守计乎?"于是,"具币遣使,敦促就道",李善兰"辞不获已,力疾行,至省而大营已溃,粤逆(指太平军)直逼苏垣"。李"条陈数大事",徐"皆叹服"。但为时已晚,只得"计借泰西兵以破敌"。李善兰"自苏至沪,风声鹤唳,草木皆兵,独慨然往。

甫得请,而省城已不及援矣。西望呜咽,设庄愍(徐有壬)位,祭以文"。但家乡误传李善兰"陷贼中且薙发",俟他回乡扫墓,蒋仁荣邀他出游,让他"露顶过市中","以息讹言"。李善兰仇视太平天国革命运动的态度,无法逃脱时代和阶级的局限。

太平军占领了苏州,李善兰留在那儿的行箧,包括他的各种著作手稿,"遭乱尽失之"。从此,他"绝意时事",避乱上海,埋头从事数学研究工作,重新著书立说。其间,他与数学家吴嘉善、刘彝程都有过学术上的交往。

1861年秋,曾国藩在安庆筹建一个试用机器生产的兵工厂"安庆军械所",先邀著名化学家徐寿和数学家华蘅芳到"内军械分局"研制机动船只,后又将李善兰"聘入戎幄,兼主书局"。李善兰一到安庆,就拿出《几何原本》等数学书籍对曾国藩说:"此算学家不可少之书,失今不刻行复绝矣!"1863年夏,李善兰又推荐"工于制造洋器之法"的张斯桂和"精于算法,兼通经学、小学"的张文虎入幕。他们与徐寿、华蘅芳等人同住在南城任家坡宾馆,时常进行学术讨论,积极从事曾国藩洋务新政中有关科学技术方面的各种活动。

1864年夏,曾国藩军攻陷太平天国首都天京(南京)。李善兰、张文虎跟着到了南京,住在朝天宫飞霞阁的书局内。这时,李善兰再次向曾国藩提出刻印自己所著所译的数学书籍,曾国藩表示支持,"许代付手民"。

1865年,曾国藩署检的《几何原本》在南京出版。曾国藩序称:"会余移驻金陵(南京),因属壬叔取后九卷重校付刊。继思无前六卷则初学无由得其蹊径，而乱后书籍荡泯……因并取六卷者属校刊之。"于是，有金陵刊本十五卷《几何原本》问世。

《几何原本》前六卷系明末徐光启、利玛窦合译，自1607年出版以来已逾两个多世纪，后九卷是李善兰、伟烈亚力合译，1857年初刊本"印行无几而板毁"于战火。曾国藩出版全卷本《几何原本》，又以他的名义署序推荐这部书，这对当时中国的数学界乃至整个学术界都是有很大影响的。

1866年，曾国藩在上海筹建一个更大规模的兵工厂"江南机器局"（亦称"江南制造总局"），他不失前诺，"邮致三百金"到南京，资助李善兰出版算书，使李善兰能"取箧中诸书尽刻之"。这样，就有了1867年的金陵刊本《则古昔斋算学》二十四卷。与此同时，在南京开办"金陵机器局"的李鸿章，则资助李善兰重刻《重学》八卷并附《圆锥曲线说》三卷。

李善兰的《则古昔斋算学》收有他20多年来的各种天算著作13种，计《方圆阐幽》一卷，《弧矢启秘》二卷，《对数探源》二卷，《垛积比类》四卷，《四元解》二卷，《麟德术解》三卷，《椭圆正术解》二卷，《椭圆新术》一卷，《椭圆拾遗》三卷，《火器真诀》一卷，《对数尖锥变法释》一卷，《级数回求》一卷，《天算或问》一卷，分别由冯焌光、张文虎、贾步纬、曾纪泽、曾纪鸿、汪曰桢、汪士铎、徐寿、华蘅芳、孙文川、吴嘉善、徐建寅、丁取忠校算。曾纪泽、曾纪鸿兄弟是曾国藩的长子和次子，他们与左宗棠的从子左潜都曾分别随李善兰、丁取忠等人学习过数学。徐建寅是徐寿的儿子，他在1874年的增订版《谈天》中，把到1871年为止的最新天文学成果补充了进去。

其中值得提出的是《垛积比类》，它是有关高阶等差级数方面的著作。李善兰把北宋沈括的"隙积术"、元朱世杰的"垛积招差术"发扬光大，"所述有表、有图、有法，分条别派，详细言之"，"别立一帜"，自成体系。其中，还有不少独特的创造。最著名的是在卷三解决三角自乘垛的求和问题时提出来的一个恒等式，自20世纪30年代以来，受到国内外数学界的普遍注意，被誉称为"李善兰恒等式"，给出了好多个证明。有人从现代组合数学的角度对李善兰的垛积术作出新的评价。

《椭圆正术解》《椭圆新术》《椭圆拾遗》是关于行星运动的轨道——椭圆方面的研究著作。李善兰对于行星平近点角与向径扫过面积间的互求问题作了步步深入的探讨，其中有几何的解法，也有用级数展开的解法，有图有表，条理清晰，计算准确，颇具新意。

《火器真诀》（1858）是我国第一部精密科学意义上的弹道学著作，李善兰提出的别具一格的图解法，是我国有清一代数学家所习用的"以量代算"研究方法的一个新的环节，它在后来的数学家对抛物线本身数学理论问题的研究和对射击学命中问题的研究这两个方向上都产生过积极的影响。

《级数回求》是通过几个特殊的幂级数 $y = \sum_{i=1}^{\infty} f_i(x)$，以有限步骤经归纳方法反求幂级数 $x = \sum_{i=1}^{\infty} F_i(y)$，这在我国级数研究史上也是带有开创性的工作。

《天算或问》以自问自答的形式，解决了若干有关中国古代数理天文学中的问题。其中对外国传入的颜家乐利用恒星出地平到上中天的时间和上中天的地平高度求当地的地理纬度，李善兰改进了这一方面的适应性，使能选用任意恒星决定任一地方的纬度，这在中国测纬史上占有一席应有的地位。

李善兰借助于洋务派曾国藩、李鸿章等人的支持和资助，出版了可以说是代表当时中国传统数学最高水平的天算著作《则古昔斋算学》，重印了几乎绝版的科学译著《几何原本》《重学》《圆锥曲线说》，这对于近代科学在中国的传播起到了积极的作用。洋务派的后起之秀张之洞也很钦佩李善兰的学识，他在1875年编写《书目答问》时，卷后附有"国朝著述诸家姓名略"，注称"此编生存人不录"，但却破例在"算学家"条下录了李善兰的名字，并特别加注道："李善兰乃生存者，以天算为绝学，故录一人。"1896年，张之洞还首刊李善兰的《同文馆珠算金针》。不管洋务派出自何种动机和目的，他们的活动在客观上推动了近代科学从西方传入中国，在中国近代科技史上产生了积极的影响。

六、合中西之各术，绍古圣之心传

1861年，洋务派奕䜣等奏请开办京师同文馆，1862年成立，直属总理各国事务衙门，开始只设有外语课程，培养办理洋务所需的翻译人才。1866年，又"因制造机器必须讲求天文算学，议于同文馆内添设一馆"，即"天文算学馆"。1867年开始招收30岁以下的秀才、举人、进士、翰林以及科举出身的五品以下官吏入学，厚给薪水，住馆学习，以七年为期。起初，在物色主持者的人选时，广东巡抚郭嵩焘就上疏举荐了李善兰，但李善兰忙于在南京出书，1868年才北上，就任同文馆天文算学总教习，直至1882年去世。其间所教授的学生"先后约百余人。口讲指画，十余年如一日。诸生以学有成效，或官外省，或使重洋"，知名者有席淦、贵荣、熊方柏、陈寿田、胡玉麟、李逢春等。晚年，获得意门生江槐庭、蔡锡勇二人，即致函华蘅芳，称"近日之事可喜者，无过于此，急欲告之阁下也"。这些人在传播近代科学知识上都起过重要作用。1880年，同文馆总教习、美国人丁韪良因此说："是皆李壬叔先生教授之力也。呜呼！合中西之各术，绍古圣之心传，使算学复兴于世者，非壬叔吾谁与归？"

所谓"合中西之各术，绍古圣之心传"，实际上是发扬中国古代数学的优良传统，并将之纳入当时世界通行的近代数学体系之中。李善兰身处新旧交替、中西融合的历史时期，眼光敏锐，思想活跃，既不盲从，又不保守，是很有胆略很有气量的。在中国古代数学名著中，他选定了李冶的《测圆海镜》为教科书，并亲撰《九容图表》附其后。这是因为李冶的"天元术"——"立天元一"，即是西方的代数学中建立方程的"设未知数 x"，而且《测圆海镜》中由170个勾股容圆问题归纳出的"九容公式"，也是与几何图形有关的代数运算的基本技能和技巧训练。李善兰高度评价《测圆海镜》这部书，说他自己"译西国代数、微分、积分诸书，信笔直书，了无疑义者，此书之力焉"。他撰《测圆海镜解》，并取《测圆海镜》中的原题，但"今以代数演之，则合中西为一法矣"。这就把中国古代传统数学的"天元术"纳入当时世界通行的代数学的轨道中去了。近现代数学并不贴有某个特定民族的标记,它是全人类的共同财富。数学是没有国界的。当时从西方传到中国来的近代数学,本身就是吸取了大量包括中国在内的东、西方各民族的数学成果的产物。尽管"自代数学和微积分学传入以后,中国古代的天元术和前一时期内的幂级数研究更无进一步发展的余地,传统数学研究工作就停滞不前了",然而,中国古代传统数学汇入世界先进的近代数学洪流之中,这是中国数学发展的必然趋势。由于李善兰和后来中国近现代数学家接连不断的努力,中国数学逐渐以崭新的面貌呈现于世,得到迅速的发展。

李善兰在同文馆教学之余,孜孜不倦地从事数学研究工作。他以六七十岁的高龄,加上"曾患风痹,惮于行远,咫尺之遥,须人扶掖",仍有若干新的著作问世。

1872年夏,李善兰发表《考数根法》,题为"则古昔斋算学十四"。这是我国素数论上最早的一篇论文。所谓"数根",就是素数;"考数根法",就是判别一个自然数是否为素数的方法。李善兰说:"任举一数,欲辨其是数根否,古无法焉。"他"精思既久,得考之法四",即"屡乘求一"法、"天元求一"法、"小数回环"法和"准根分级"法。文中,李善兰证明了著名的费尔马素数定理(1640),并且指出它的逆定理不真。

1877年,傅兰雅编的《格致汇编》第二年夏季册,载有李善兰演《代数难题》卷十三第四次考题,"相传此题为英国大书院内之人包尔所出。出此题时,许人能解此题者,赠以金钱一百"。1882年夏，李善兰年逾古稀，在去世前几个月，"犹手著《级数勾股》二卷，老而勤学如此"。

李善兰到同文馆后，第二年（1869）即被"钦赐中书科中书"（从七品卿衔），1871年加内阁侍读衔，1874年升户部主事，加六品卿员外衔，1876年升员外郎（五品卿衔），1879年加四品卿衔。1882年授三品卿衔户部正郎，广东司行走，总理各国事务衙门章京。一时间，京师各"名公巨卿，皆折节与之交，声誉益噪"。以一生从事科学研究和学术活动而获如此高官厚望，这在清代是绝无仅有的一人。

七、学问量天测地赅，诗文余事亦恢恢

李善兰的科学译著、专著，如前所述。特别是他的天文、算学著作，"仰承汉唐，荟萃中外，取精用宏，兼综条贯"，"业畴人者，莫不家庋一编，奉为圭臬"。据李俨旧藏李善兰遗墨《则古堂算学目录》一纸，李善兰生前尚计划完成《海镜广》《数学一得》《开方图法》《十三经算术》，以及《授时术细草》《回四术细草》《时宪术细草》等天算著作，可惜有的手稿于战乱中丧失（如《群经算学考》，即《十三经算术》），有的没有完成，未能实现他"十年为期，必成此多种，以上报天地"的宏愿，殊为可惜。

李善兰的诗、文，经严敦杰先生、黄炜先生、蒋雨田先生和笔者多方搜集，得二百余首（篇），内容丰富，洋洋大观，真可谓"学问量天测地赅，诗文余事亦恢恢"！

李善兰"十三学吟诗"，虚岁十五时便有"膝下依依十五秋，光

阴瞬息去难留。嗟余马齿徒加长,爆竹惊心岁已周"和"数声爆竹岁朝天,惭愧平舆会讲年。一岁功程今日始,急须早著祖生鞭"的佳作。他年轻时写的《夏日田园杂兴》《田家》等诗,如"提筐去采陌头桑,闭户看蚕日夜忙。得到丝成空费力,一身仍是布衣裳",颇为体贴劳动人民的辛苦。此外,他还写了大量咏史、咏物、咏景、抒怀之作,文字清新,感情健康,有些诗思想深邃,颇具哲理。

李善兰"年十四五,始与笔砚亲"。他的文章,有对自己的译著、专著写的序跋,有替别人的著作写的序文,有为友人写的传记,有书信和其他论文、杂文。其中,《星命论》是他年逾花甲后的作品,他写道:

> 大挠造甲子,不过记日而已,并不记年月与时也,亦无所谓五行生克也。其并记年月与时,且以五行配之,皆起于后代,古人并无此意也。而术士专以五行之生克判人一生之休咎,果可信乎?且五行见于《洪范》,不过言其功用而已,言其性味而已,初不言其生克也。是干支之配五行,本非古人之意矣,而谓人之一生可据此而定,是何言欤?至五星偕地球同绕日而各不相关。夫五星与地球且不相关,况地球之上一人而谓某星至某官主吉,某星至某官主凶,此何异浙江之人在浙江巡抚治下,他省之巡抚于浙江无涉也。今试谓之曰某巡抚移节某省,于尔大吉,某巡抚移节某省,于尔大凶,有不笑其荒诞者乎?五星之推命何以异是乎?

用确凿有力的证据,通俗生动的譬喻,淋漓尽致地揭露了宿命论者搞封建迷信活动的荒诞无稽。时人赞曰"其论真属透辟,足以启发溺惑"。

李善兰生性落拓,跌宕不羁,潜心科学,淡于利禄。曾国藩赏识他,"屡欲列之荐牍,皆力辞"。他痛恨贪官污吏,在晚年所写的《陈君锡麟行状》一文中,表彰为官清廉、体恤民情、善于调查研究、平反百姓冤狱的"德政",而叹曰:"呜呼!今之号称能吏者,吸民膏髓以善事上官得真除显要者,比比也!"在《倪君经朝传》中,赞扬"倪氏子弟皆矫矫立气节,不屑与俗儒争进退"。在描写一穷苦诗人潦倒致死的《陈愚泉传》中,论曰:"吾谓愚泉虽饿死……视士大夫之庸庸老寿并不能雕章镂句者可当何耶!"表现出他对当时封建社会处于穷途末路之下官场的腐败和儒林的迂腐嗤之以鼻的轻蔑态度。晚年他虽官居内阁高位,但从来没有离开过同文馆教学岗位,也没有中断过科学研究工作。他自署对联"小学略通书数,大隐不在山林"贴在门上,表明他仍然以在野之隐士自居,而不与贪官污吏同流合污。

李善兰一生嗜酒。年轻时在家乡常与"鸳湖吟社"的诗友"一笑且痛饮,醉卧沧江月"。在上海译书时,常与王韬、蒋敦复"同至酒楼轰饮"。又"以诗酒徜徉于海上,时人目为三异民"。晚年在北京,仍好饮,结果"家山成久别,杯酒了余生"。

李善兰"年逾六旬,颇忧乏嗣",晚年纳妾米氏(比他小38岁),仍未得子,乃过继外甥崔敬昌为嗣。李善兰于1882年12月9日在北京逝世,12月29日在北京东四牌楼什锦花园胡同开吊。次年，崔敬昌迎柩归葬于海盐县牵四罾桥东北。一说"壬叔先生墓在海盐县沈荡区天子堰桥"，待考。崔敬昌后来迁居上海，曾任江海关文牍多年。

李善兰作为我国近代科学的先驱者，人们将永远纪念他。

（作者：王渝生）

华蘅芳

中国近代科学的先行者和传播者

华蘅芳

(1833—1902)

华蘅芳，字若汀，江苏金匮县（今无锡市）人，晚清著名的数学家、翻译家和教育家，我国近代科学的先行者和传播者。华蘅芳崇尚实验，躬身实践，无愧地代表了中国知识界冲破旧学术传统、投身于近代科学研究新潮流的正确方向。

一、雄心犹作闻鸡舞，莫向天涯更惘然

华蘅芳的少年时代，中国正处于一个大变动的前夜。鸦片战争的炮火，把我国由独立的封建社会，推向半殖民地半封建社会的深渊。中华民族蒙受着巨大的苦难。

华蘅芳自幼不爱读"四书五经"，不会作八股文章。他晚年回忆道："余七岁读《大学》章句，日不过四行，非百遍不能背诵。十四岁从师习时文，竟日仅作一讲，师阅之，涂抹殆尽。"他的父亲华翼纶，出身于读书世家，1844年考中举人，选江西永新县知县，在外做了十几年的县官，每每回乡省亲，看到这种情况，便要教训他一番。但他当时已经"于故书中检得坊本算法，心窃喜之，日夕展玩，不数月而尽通其义"，迷上数学了。"案头所置者，惟百廿名家制义及古今算学之书，日夕浏览，舍此则取彼，舍彼则取此"，然而毕竟更"乐观各种算学之书"。这样，靠自己读书学习，他的数学造诣日趋精深，而八股文章仍然写得不好，致使以后"数

十年来，算学之名已流播海内，文则累试不获一售"，迄今留传下来他的数学著作有 8 种 29 卷之多，时文却只有一篇。

他的父亲见他嗜好数学，而且学有成就，也就不再加以阻挠，反而还因势利导，每年自任所回家探亲，都给他买来一些古算书，先后有《周髀算经》、《九章算术》、刘徽《海岛算经》、《张丘建算经》、甄鸾《五曹算经》、王孝通《缉古算术》、《夏侯阳算经》，以及李冶的《测圆海镜》《益古演段》。这样，唐代立于学官的"十部算经"和宋元数学中有关"天元术"的著作差不多都齐备了，这使得华蘅芳在青少年时代就比较系统地学习了中国传统数学。后来，华蘅芳自己又去买了南宋数学家秦九韶的《数书九章》，清代数学家梅文鼎的《勿庵历算全书》、李锐的《李氏遗书》、汪莱的《衡斋算学》、焦循的《里堂学算记》、骆腾凤的《艺游录》、董祐诚的《董方立遗书》、罗士琳的《观我生室汇稿》等一大批数学名著，经过认真阅读，"始知算学有古今中西之异同"。20 岁时，他又多方寻觅，购得梅瑴成等人编纂的数学百科全书《数理精蕴》五十三卷，学习了《几何原本》等西方数学的内容。自此以后，"凡古今畴人之书，见辄购之，计家中所藏及行箧中时有携归者，不下数百卷"。

华蘅芳不仅博览群书，刻苦自学，还善于寻师访友，求教高明。他得悉家乡附近无锡县（与金匮县同城，今属无锡市）钱桥的社冈有一个名叫徐寿（字雪邨）的人，"性好攻金之事，手制仪器甚多"，便登门求教。徐寿比华蘅芳年长 15 岁，素以"不二色，不妄语，接人以诚"为座右铭，又有铭曰"毋谈无稽之言，毋谈不经之语，毋谈星命风水，毋谈巫觋谶纬"。两人见面以后，谈到国事日非，民不聊生，报国无门，感慨万端。又由于不信迷信，崇尚科学，志趣相投，遂结好友。自此你来我往，相交日笃。别而复见，往往彻夜长谈："叩门话夙昔，相交略形迹。置酒叙离怀，挑灯度永夕……"

从 19 世纪 50 年代起，西方近代科学知识通过外国传教士办的杂志，通过上海墨海书馆李善兰等人的翻译工作，逐渐介绍进了我国。华蘅芳和徐寿也很注意学习和吸取各种外来的新知识。但是，他们对于这些新知识并不采取盲从的态度，而是尽量设法通过实验，付诸实践，来证实它们。

例如，对于白光是由不同颜色的光所组成的，他们就打算用三棱镜亲自做实验来验证一番。但是，当时市面上还买不到三棱镜，用玻璃片来代替又不行。最后他们想出了一个办法，那就是找来一个水晶石图章，两个人轮流把它磨制成了一个长形的三棱镜，终于使白光的分色实验获得了成功。

又如，他们相信枪弹向上斜射时子弹呈抛物线轨道运行，但对平射时出膛的子弹也呈抛物线轨道运行一事表示怀疑，于是就想法做实验来证实。他们在野外一片开阔地上画出一条长长的直线，沿着这条直线钉下一排竹竿，在竿上相同高度的地方绑上鸟，然后用枪瞄准这些鸟所组成的直线射击。如果弹道是弯曲的抛物线，那么这些鸟中弹的弹孔位置就会逐渐低下，后面的鸟或许就不会中弹；如果弹道是直线，那么这些鸟都会中弹，而且弹孔都一样高。当然，这样的实验是很粗糙的，也可能得不出什么结果来。

但他们这种要从实践中求得真知的愿望和精神是很可贵的,反映出在近代科学精神影响下,中国知识分子传统的做学问的方式开始转变,要从实验结果来验证书本知识。后来,华蘅芳完成了第一篇数学著作,就是《抛物线说》,而且由徐寿为之作图。其时,华蘅芳只有20多岁。

也正是在20多岁的时候,华蘅芳还专程去上海,于墨海书馆拜访数学大师李善兰,并结识著名学者容闳和外国传教士伟烈亚力、傅兰雅等人。当时,李善兰正同伟烈亚力合作翻译西方近代数学著作《代数学》《代微积拾级》,华蘅芳表示出极大的兴趣。李善兰对他说:"此为算学中上乘功夫,此书一出,非特中法几可尽废,即西法之古者亦无所用之矣。"华蘅芳求知心切,当即便从李善兰的译稿中抄录了若干段落,带回家去仔细阅读,但是没有读懂。1859年,《代数学》《代微积拾级》正式出版了。李善兰亲自把书送给了华蘅芳,华蘅芳读了几页,仍然有些困惑。李善兰告诉他说:"此中微妙,非可以言语形容,其法尽在书中,吾无所隐也。多观之则自解耳。是岂旦夕之工所能通晓者哉!"华蘅芳深信此言,夜以继日,刻苦攻读,独立思考,反复琢磨,终于读懂弄通。后来,他回顾自己所经历的此段境界,深有感触地说:"譬如傍晚之星,初见一点,旋见数点,又见数十点、数百点,以至灿然布满天空","不悟则已,一悟则豁然开朗也"。

"雄心犹作闻鸡舞,莫向天涯空惘然。"华蘅芳在青少年时代,刻苦钻研,坚韧不拔,勤于学习,善于学习,为他日后从事科学活动、译书、著书、教书都大有成就打下了坚实的基础。

二、经过赤道知冬暖,渐露青山识地圆

1861年秋,洋务派首领、两江总督曾国藩在安徽筹建一个试用机器生产的兵工厂"安庆军械所",委派他的下属江苏巡抚薛焕邀请徐寿和华蘅芳参与其事。同时,他又以"深明器数,博涉多通,奏举奇才异能"而向清廷保荐华、徐等人。

华蘅芳和徐寿怀着科学救国的满腔热忱,于1862年年初来到安庆军械所内军械分局,从事机动船只的研制工作。

首先,他们决定试制一个船用汽机模型。一方面,他们从上海墨海书馆英国人合信的《博物新编》(1855)中得到有关蒸汽机和船用汽机方面的知识。另一方面,他们又到当时清政府所购买的外国轮船上实地观察汽机运转情况。经过3个月的努力,他们试制了一台汽机模型,并于1862年夏送到曾国藩处进行表演。曾国藩作了如下的记述:"华蘅芳、徐寿所作火轮船之机来此试演。其法以火蒸水,汽贯入筒,筒中三窍。闭前二窍则汽入前窍,其机自退而轮行上弦;闭后二窍则汽入后窍,其机自进而轮行下弦。火愈大则汽愈盛,机之进退如飞,轮行亦如飞。约试演一时。窃喜洋人之智巧,我中国人亦能为之,彼不能傲我以其所不知矣。"从曾国藩的记载可知,这是一种新型的往复式蒸汽机。

汽机模型试制成功后,华蘅芳和徐寿又立即着手试制一艘小型木质轮船。试制过程中,"全用汉人,未雇洋匠"。1863年年底,小轮船制成,由于缺乏经验,汽锅不能连续供汽,因而小轮船"行驶迟缓,不甚得法"。他们立即对汽锅和船身进行修改,解决了蒸汽

供应方面的问题，使轮船能连续行驶。1864年年初，曾国藩又亲自参与试演，他写道："新造之小火轮船。船长约二丈八九尺，因坐至江中，行八九里，约计一个时辰可行二十五六里。试造此船，将以次放大，续造多只。"

1864年，军械所由安庆迁往南京。华蘅芳和徐寿在试制小轮船取得经验的基础上，继续研究改进，终于在1865年造成了一艘新的木壳大轮船。这艘轮船，除回转轴、烟囱和锅炉所需的钢铁系外国进口以外，其他一切工具和设备，完全用国产原料自己加工制造。这艘轮船"载重二十五吨，长五十五华尺。高压引擎，单汽筒，直径一华尺，长二尺。轮船的回转轴长十四尺，直径二又五分之二寸。锅炉长十一尺，直径二尺六寸。轮船有锅管四十九条，长八尺，直径二寸。船舱在回转轴后面，机器都集中在船的前半部"，航速每小时二十余里。此船建成时，曾国藩不在南京，其子曾纪泽、曾纪鸿乘此船北至高邮，由曾纪泽大书"黄鹄"二字，描金船身。此后，曾国藩的家族便常乘"黄鹄"号在长江上往来行驶。1867年，徐寿还亲自驾驶"黄鹄"号至上海江南制造局附近的码头停泊。

华蘅芳和徐寿在19世纪60年代，独立设计制造成功我国第一艘以蒸汽为动力的轮船，在我国造船史上写下了新的一页。其间，"推求动理，测算汽机"，华蘅芳"出力最多"。

1865年，曾国藩、李鸿章创办江南制造局于上海，"建筑工厂，安置机器"，华蘅芳"经始其事，擘划周详"。后来，局里设龙华火药厂，专门配制火药，但每年要耗费大量的白银从国外进口原料

"强水"（硝酸）。华蘅芳得知这一情况后，联想起徐寿翻译的《化学鉴原》等书中有关于制造硝酸的原理和工艺流程的记载，便决定主持试制，为国家节省资金。他采取因陋就简的办法，把厂里现有的几所堆废料的房子，临时改造成几个试制点。他从早到晚去各个试制点巡视，解决试制过程中的技术问题。

有一天，他又来巡视了。"路遇洋匠，立而小语"，突然一声巨响，顷刻之间浓烈的烟火冲破房顶腾空而起，原来是发生了爆炸事件。爆炸地点仅距华蘅芳所站处几步远，"以隔墙坚厚，幸免于难"。事故发生后，大家都劝阻他不必再到现场来了，但他仍坚持照旧，"不因是恐怖而巡视少懈"。他的这种顽强的精神、强烈的事业心和责任感，使人们深为感动。不久，硝酸终于试制成功了。

2000多年来，中国封建社会的学术传统一贯是重文轻理，重书本轻实践。科学技术及其有关知识，不是被视为三教九流、旁门左道，便是被视为雕虫小技、奇技淫巧，而为士大夫、知识分子所不齿。自古"君子动口不动手"，"劳心者治人，劳力者治于人"，"玩物"被认为是"丧志"，脱离实际成了旧知识分子的通病。在这种社会背景下，作为数学家的华蘅芳，却能崇尚实验，躬身实践，这是需要勇气和毅力的。从自制三棱镜、验证弹道曲线等简单的科学实验，到制造轮船、硝酸等比较复杂的技术和工艺实践，华蘅芳"目验手营"，"实事实证"，"于举世不为之日，冥心孤往，潜精绝学，独开风气之先"，代表了中国知识界接受西方思想影响，突破旧的学术传统，投身于近代科学研究新潮流的正确方向。后来有人评价他"其论物理也，尚实验，似英之培根"，虽为溢美之词，却也并非完全没有道理。

"经过赤道知冬暖，渐露青山识地圆"，这是他1889年送表弟赵元益出国时的诗句，用生动的譬喻说明了科学知识来源于对自然现象的实际观察和科学归纳，是很有科学性的。下面我们还会看到一些生动的例子，说明这种实事求是的科学精神贯穿于他一生的各个时期和各项活动之中。

三、海外书曾译，囊中术甚奇

为了传播近代科学知识，上海江南制造局于1868年开设翻译馆。在此之前，从1867年起，华蘅芳、徐寿就开始同外国人合作翻译西方近代科学技术书籍了。当时，华蘅芳分工翻译有关数学、地学方面的书，徐寿则侧重于化学、汽机等方面。

华蘅芳与美国人玛高温合作翻译的第一部书，是美国地质学家代那的《金石识别》(《矿物学手册》)十二卷。这是近代矿物学引进中国之始。华蘅芳为什么要译这部书呢？原因是他认为"五金之矿藏往往与强兵富国之事大有相关"，"则此书之成，亦未始非民生利用之一助也"。当时，玛高温"以医为业"，华蘅芳"日至其家，俟其为医之暇，则与对译此书"。书中所论之金属与非金属的矿物，"有中土有名者，有中土无名者"，有"不知其名，一时不易访究者"，又有"以地为名，以人为名，并无意义可译，或其名鄙俚，不可译其意义者"。因此，"每译一物，必辨论数四"。可见仅矿物名词的翻译，就很费斟酌思索的了。再加上"玛（高温）君于中土语言文字，虽勉强可通，然有时辞不能达其意，则循而易以他辞，故译之甚难，校之甚烦"。华蘅芳描述当时译书的情况是：他白天"挟书卷，袖纸笔，徒步往来，寒暑无间，风雨不辍，汗不得解衣，咳不得涕吐，病困疲乏，隐忍而不肯休息"，"夕归自视，讹舛百出，涂改字句，模糊至不可辨，则一再易纸以书之"，"每至更深烛跋，目倦神昏，掩卷就床，嗒焉若丧，而某金某石之名犹往来萦绕于梦魂之中而驱之不去，此中之况味岂他人之所能喻哉！"

译完《金石识别》之后，华蘅芳认为"金石与地学互相表里，地之层累不明，无从察金石之脉络"，于是再接再厉，仍与玛高温合作，译英国著名地质学家雷狭儿（赖尔）的《地学浅释》(《地质学纲要》)三十八卷。赖尔是近代地质学的奠基人，他提出了地质进化的均变说，"第一次把理性带进地质学中"。《地学浅释》卷十三说："有勒马克者，言生物之种类皆能渐变，可自此物变至彼物，亦可自此形变至彼形。此说人未信之。近又有兑儿平者，言生物能各择其所宜之地而生焉，其性情亦时能改变，此论亦未定，姑两存之。"文中勒马克，即法国生物学家拉马克；兑儿平，即英国生物学家达尔文。这是在中国最早提到达尔文的名字和对达尔文进化论作概略的介绍。虽然1898年严复翻译英国生物学家赫胥黎的《天演论》(《进化论和伦理学》)出版之后，达尔文学说才在中国广泛地传播开来，但是早于此四分之一世纪的《地学浅释》对中国思想界也产生过一定的革命性影响，成为康有为、梁启超、谭嗣同等进步思想家维新变法的一个理论根据。

华蘅芳在翻译《地学浅释》时，"寓居虹口，所携一童一仆，此外别无伴侣"，"晨起食罢即往玛君家，日中而归，食罢复往，以至于暮","未尝一日旷也"。而"书之稿本、改本、清本，以及草图，皆一手任之。盖自持精力之强，不自知其劳苦也"。但是毕竟劳累过度，饮食失调，译至十七卷，便"患血痢之症，日夜数十次，气息惙惙，无复人色"，而他所心忧的，还是译书的事。病榻之上，"甫一交睫，则觉高山巨壑，水陆变迁，其中鳞介之蜕，奇兽之骨，种种可骇可噩之物，层见迭出，纷然并集于前，盖平日所入于耳、寓于目而有会于心者，其境界一一发见于若梦若寐之际"。大病半年之后，"玛君日来就余，乃将以下各卷次第译出"，自此精力大衰。华蘅芳为了达到富国强兵、有助民生的目的，胼手胝足，奋力译书，真是呕心沥血，不遗余力。

华蘅芳又与傅兰雅合译布国（德意志）武官希里哈于1868年所撰的《防海新论》十八卷。希里哈在美国南北战争时期（1861—1865）"身历戎行者四年，于水师战守之事见闻较广"，所以书中讲水路攻守之法联系战争实际，颇为切实可行。其中一至八卷论与新式船、炮相敌的防守之法，九至十一卷论阻住行船之路令敌船难入内地之法，十二至十七卷论水雷之造法、用法，十八卷论做灯火以照海面河口避免敌船偷渡之法。华蘅芳以为皆"于海防之事甚有裨益"，故译之。译完以后，他还发了如下的一段议论："余谓用兵者，必先操可胜之柄而后可以议战，必先居可败之地而后可以议守，必先作可战可守之备而后可以议和。"

此外，华蘅芳还与"幼时曾在番舶学习操舟，于行海之事知之最详"的美国人金楷理合译有关台风方面的书籍《御风要素》三卷。对于金楷理给他介绍的有关海洋台风的知识，如"先见之兆""所行之路""用何法以防于未然，救于临事"，华蘅芳感叹地说："然余素畏风涛，每遇舟稍掀簸即呕吐僵卧而不敢起，不能以所闻于金君者一一身试而目验焉，为可惜也！"从这里也可看出华蘅芳重视"身试""目验"，崇尚实验与实践的精神是一贯的。

华蘅芳同金楷理合译的另一部书是《测候丛谈》。该书"总论"中说："测候之学，专考天气之变化"，"须用两法：一为已知其大端，而推验其变数；一为细测其琐屑之故，按其年月日逐一记之，如是历久，即可知其一定之理"，"此书中所论，亦用此二法。每事必先论其大致应如何变化，次乃及其纤细之故而征其可信，并论用何法以测候之而得其数"。由于其中有关于数字表格和数学计算的内容，后来曾辑入《华氏中西算学全书》（1897）之中。

华蘅芳自1867年始，至1873年止，译成了上述有关矿物、地学、军事、气象等方面的西方近代科学技术书籍5种75卷，参与校对和绘图工作的有他的学生、数学家江衡，以及赵宏、朱彝、沙英等人。除此之外，译成未刊的还有《风雨表法》《海用水雷法》两种。

在同外国人合作译书的过程中，华蘅芳发觉傅兰雅精于数学，又"深通中国语言文字"，与之合作译书，"往往事半而功倍"。于是决定继李善兰、伟烈亚力翻译《代数学》《代微积拾级》之后，同傅兰雅合作翻译《代数术》《微积溯源》等西方近代数学书籍，以"补其所略"。

《代数术》（英国人华莱士撰，原载《大英百科全书》第八版）二十五卷，1873年出版。卷一至卷四论整式、分式、根式的运算，卷五论比例式，卷六至卷八论一次方程及方程组，卷九论二次方程，卷十论代数基本定理"无论几次之式，其所有之若干根数必等于式最大之方指数"及根的有关性质，卷十一论三次方程，卷十二论四次方程，卷十三论"五次及五次以上之多次式，无一通法可解之"，卷十四至卷十五讨论特殊高次方程的解法，卷十六论"奈端"（牛顿）和"拉果兰"（拉格朗日）的"迭代法"求高次方程的近似实根，卷十七论无穷级数，卷十八、卷十九论对数及其应用，卷二十论连分数，卷二十一论不定方程，卷二十二论用代数解几何问题，卷二十三论二元方程图像，卷二十四论三角函数关系式，卷二十五论棣美弗定理、三角函数展开式以及圆内接正十七边形的作法等。

《微积溯源》（英国人华莱士撰，原载《大英百科全书》第八版）八卷，1874年出版。这是继《代微积拾级》之后又一部介绍西方微积分的著作。前四卷论微分法及其应用，包括高阶导数，复合函数求导，求极值，曲线的切线、曲率、曲线与曲线相切，偏微分、全微分等内容。后四卷论积分法及其在求曲线弧长、面积和体积等问题中的应用，以及微分方程大意。

《三角数理》（英国人海麻士于1863年撰）十二卷，1877年出版。卷一至卷三论三角函数关系式，卷四论平面三角形的解法，卷五论三角函数的幂级数展开式，卷六论对数，卷七、卷八论三角函数恒等式及其应用，卷九至卷十二论球面三角形的解法。

以上三种代数、三角、微积分的译著是由当时任上海广方言馆算学教习兼主求志书院算学科的刘彝程（字省庵）校算的。刘彝程对整数勾股弦和二次不定方程的研究颇有心得,撰《简易庵算稿》四卷(1899)。他在年轻的时候就受到过李善兰的赞赏和关心。

华蘅芳同傅兰雅合译的数学书籍中最有价值的是《决疑数学》(伽罗威撰,原载《大英百科全书》第八版; Probabilities, Chances on the Theory of Averages,安德生撰,原载钱伯斯的《百科全书》新版)十卷。这是有关概率论的著作第一次被介绍进中国。本书卷首"总引"中说"决疑数理(即概率论)为算学中最要之一门也","从此算学之理内又添出许多妙法","于他事用之大有便益","在格致学中用之大有益","于众人大有益",再三强调概率论的应用。同时还简要介绍了概率论的发展历史,提到了一大批西方数学家和数学著作。例如,"决疑数学之算学理初为巴斯果与勿马两人所创,略在一千六百与一千七百年之间",这是讲帕斯卡与费马在17世纪中叶讨论有关概率论的问题。"是时晦正士亦著一书《论占卜之比例理》",这是指惠更斯的《论赌博中的计算》(1657)。至于"北奴里死后七年,其书始行于世,名曰《决疑数术理》",乃是伯努利的名著《猜度术》(1713)。又说"一千八百十二年拉不拉斯作一书,名曰《决疑数学之理》,为论数理中最奇之书",系指拉普拉斯的经典著作《分析概率论》(1812),等等。当时翻译的数学表达式,还是西方符号与中国文字混用。例如正态分布密度函数在《决疑数学》中被译作"函唠 $= \sqrt{(室 \div 周)}$ 戊$^{T 室唠 =}$"。

此外,华蘅芳同傅兰雅合译的数学书籍还有以下几种。《代数难题解法》(英国人伦德于1878年撰)十六卷,1883年出版。内容包括算术、代数方程、级数、对数、概率论等方面的习题,还有"冈布理知书院"(剑桥大学)的考试题解,此书由华蘅芳的弟弟华世芳校算。《合数术》(美国人白尔尼撰)十一卷,1887年出版。该书讨论对数表的造法。《算式解法》(美国人好司敦与开奈利同撰于1898年),1899年出版。内容除初等数学外,还包括行列式计算和简单的微积分。至于已译未刊的数学书籍,有《代数总法》《相等算式理解》《配数算法》等。

以上华蘅芳翻译的西方近代科技和数学书籍业已出版刊行的共有12种计171卷,内容比李善兰翻译的书丰富得多。在翻译技巧方面,华蘅芳主张"其文义但求明白晓畅,不失原书之真意"。他在《论翻译算学之书》一文中说道:"笔述之时须将口译之字一一写出,不可少有脱漏,亦不可稍有增损改易也。至誊出清本之时,则须酌改其文理字句,然所致之字句必须与口译之意极其切当,不可因欲求古雅致与西书之意不合也。所译之书若能字字确切,则将华文再译西文,仍可十得八九,所以译书之人务须得原书之面目,使之惟妙惟肖而不可略参私意也。原书本有谬误,自己确有见解,则可作小注以明之,不可改动正文。"后人称赞他"译书文辞朗畅,足兼信、达、雅三者之长"。

"海外书曾译,囊中术甚奇",这本是华蘅芳悼念亡友的诗句,但用之于他本人,亦是很恰当和贴切的。华蘅芳是继李善兰之后,又一位杰出的翻译家,他为近代科学在中国的传播作出了不可磨灭的贡献。

四、等身著述惟书在，逝水年华与墨磨

华蘅芳认为，"学算与著书并非两事"，"人视著算学之书以为大不易之事，殊不知仍与学算无异也。盖算稿积多删其芜浅者，存其精妙者，即是著作也"。故华蘅芳于 1882 年辑其自著《开方别术》一卷、《数根术解》一卷、《开方古义》二卷、《积较术》三卷、《学算笔谈》前六卷共 5 种 13 卷，汇刻《行素轩算稿》刊行问世。其后又续成《学算笔谈》后六卷、《算草丛存》八卷，再版时均收入《行素轩算稿》之内。

《开方别术》一卷，阐述求整系数高次方程的整数根的方法，1872 年李善兰为之作序，称"华君若汀创立数根开方法"，"并诸商为一商，故无'翻积''益积'，不特生面独开，且较旧法简易十倍"。但是，诚如华蘅芳自己所说的，"凡正负诸乘方其元之同数若非整数及分数者，则数根开方之术不能驭"，即不能求方程的无理数根。又，1880 年华蘅芳自序《开方古义》二卷，揣测朱世杰《四元玉鉴》（1303）"今古开方会要之图"的原意，阐述数字高次方程的解法，以为"与秦（九韶）氏《数书九章》（1247）之法大略相同"，但计算程序相当烦琐，未必能合于秦九韶增乘开方法的原意。

《数根术解》一卷，内引李善兰《考数根法》（1872）有关内容，可见成于 1872 至 1882 年之间。数根术即素数论。华蘅芳指出："有单位之数根，即可求两位之数根；有两位之数根，即可求四位之数根。"他的具体方法是："以单位之数根 3 与 5 与 7 连乘，得 105，

以与两位之数求等（即公约数），其有等者可以等数约之，故非数根；其无等者除 1 之外俱不能度，故为数根。"此即"筛法"，如是便得到两位数的素数 21 个。华蘅芳还指出，随着自然数的位数增加，素数的间隔愈稀，但素数的个数是无穷的。他证明了著名的费马素数定理：若 P 为一素数，则 $2^P-2 \equiv 0 \pmod{p}$。可惜他没有像李善兰那样指出 2^P-2 能被 P 整除不是 P 为素数的充分条件，即费马定理之逆不真。

《积较术》三卷，写于 1880 年以前，因华蘅芳 1880 年序《开方古义》中有"迩年来因演算积较之术"云云。积较术讨论招差法在代数整多项式研究和垛积术中所起的作用。其中，卷二和卷三的"诸乘方正元积较表"和"积较还原表"分别定义了两种计数函数，与所谓第一、二种斯特林数都有关系，从而给出一组乘方乘垛互反公式和若干组合恒等式，是为计数理论的中心问题。最近，有人评价华蘅芳在这方面的工作是"在完整意义上的组合论研究"。

《学算笔谈》十二卷，是华蘅芳关于数学理论、数学思想和数学教育等方面的评论性著作。前六卷成于 1882 年，至 1893 年补足后六卷。本书内容十分丰富，卷一至卷四论算术，卷六、卷七论天元术，卷八、卷九论代数，卷十、卷十一论微积分，卷五及卷十二为杂论。其序及卷一"总论算法之理"和两卷杂论集中反映了他对数学的认识和看法，以及数学教育的方法等，尤其精彩。

华蘅芳说："吾谓算亦有端，算之端者何？计较之心也。""人之心中若果懵懵然无知觉，则亦不必谈及算学。若其稍有知觉而能思维计较者，即已有算学之理，与有生以俱来。试观孩子嬉戏，见果必争，取其大者，因其胸中已有一多寡之见存焉也。由是知算学之理，为人心所自有，并非自外而入。"这种看法很明显是唯心的。但他又说："有是端而知所以扩充之，则统乎万事万物之纲。故凡天文之高远，地域之广轮，居家而布帛粟菽，在官而兵河盐漕，以至儒者读书考证经史，商贾持筹权衡子母，算不待治于算，此又算之切于日用，斯须不可离者也。"华蘅芳对于数学应用的广泛性，其认识又是唯物的。

华蘅芳认为，"一切算法，其初皆从算理而出。惟既得其法，则其理即寓于法之中，可以从法以得理，亦可舍理以用法。苟其法不误，则其理亦必不误也"，正确地阐述了数学理论与方法之间的辩证关系。

华蘅芳强调学习数学"必循序而及，不可躐等而进"，但同时又指出，"观书者不可反为书所役"，"学问之道贵乎温故知新，而算学之事则宜去故生新。不将已知已能之事撇开一边，则其先入之见胶固积滞于胸中，足以蒙蔽心思，而新义不得复入矣"，"他事皆有止境，而算学无止境也。古人创术之时何尝不自以为巧密，逮有巧密于古术者，则以古术为疏拙矣。后之视今亦犹今之视昔，安知此后更无再巧再密之术而视今之巧密者为疏拙耶"。华蘅芳极为推崇创新的精神，是与我国封建时代信而好古、厚古薄今的思想和学术传统背道而驰的。

对于数学教学和学习的方法，他有很多具体的论述，如"论看题之法""论驭题之法"等。例如，他指出对"题中之各句，句中之各字"，要分清"着力者""不甚着力者""可有可无者"，后者往往

"显露于面前,一望即见",而前者则"藏伏隐匿于各字之间而使人不易见",须认真鉴别。"总言之,算学中所有之各题,其平正通达、简明直捷者固多,而其暗藏机械,有意难人者亦复不少,看听之人如听断疑狱,如搜捕伏匿","当随机应变,不能执一以论"。

他对学生做数学习题的规定要求遵循的步骤为:"一必详载题目;二必解明算理;三必全写算式,与其简也宁繁;四必用格式影写,与其作草书宁可作正书",这样的严格要求也颇中肯綮。

华蘅芳还十分重视数学史的研究。在《学算笔谈》中除对先前的数学家和数学著作一一作出评价之外,还在卷十二中撰有一篇专文"论《畴人传》必须再续",指出自阮元、李锐撰《畴人传》四十六卷(1799)及罗士琳撰《续畴人传》六卷(1840)以来,"迄今又数十年,算学日新月盛,人才辈出,其中最著者如戴(煦)、项(名达)、徐(有壬)、李(善兰)诸家,其所明者有(天)元、代(数)、微(分)、积(分)诸术,皆能超轶古法,于算术中大开门径,非徒株守成法而已也。若不亟为之传,未免为算学中一件大缺陷之事"。他曾敦促数学大师李善兰完成此事,李善兰委托给张文虎,张文虎也没有做,当时最年长的数学家吴嘉善也未肯动笔。华蘅芳分析他们"未肯为此事,益由于震惊李(锐)、罗(士琳)之名而不敢与之匹,亦由于欲求全备,惟恐搜罗不富、考核不精以贻后人之口舌也"。然后,他提出自己的看法:"余以为可以不必存此心,以致斯传久不得成。吾所知之人、所见之书、所闻之事,记之可也;吾所未知之人、未见之书、未闻之事,阙疑焉可也。若人人能存此心而各书其所知、所见、所闻,又有一人集诸家之说而折中之，论定之，则斯传之成易易也。"于是，他将其弟华世芳的《近代畴人著述记》（1884）附录于后，"以待所传者之采择焉"。不久，遂有诸可宝撰《畴人传三编》七卷（1886）、黄钟骏撰《畴人传四编》十一卷（1898）。从18世纪末到19世纪末的100年间，数学史的工作丰富多彩，著述再四，华蘅芳是起到了促进作用的。

华蘅芳的《学算笔谈》在19世纪90年代被各地再版多次，作为许多学院和新式学堂的数学教材。如陕西刘光蕡于1897年序刻《学算笔谈》前六卷，为其主讲之味经书院的教本，湖南王先谦主办、梁启超主讲之长沙时务学堂算学课也习《学算笔谈》。

1892年，华蘅芳自序旧作《抛物线说》、《平三角测量法》（1887），同《垛积演校》（1889）、《盈朒广义》、《积较客难》、《诸乘方变式》、《台积术解》、《青朱出入图说》等八篇零星数学著作，汇成《算草丛存》四卷，于1893年刻于武昌。其后，又续刻有关数论的专篇《求乘数法》、《数根演古》、《循环小数考》（有1895年自序）以及《算斋琐语》等四卷，并入《算草丛存》，题为"行素轩算稿六"。

此外，华蘅芳的数学著作还有专讲算术的《算法须知》四章（1882年自序，1887年收入傅兰雅主编的《格致须知》内）以及《西算初阶》一卷（1896年收入冯桂芬等辑的《西算新法丛书》中）。

对于华蘅芳的数学造诣，李善兰曾经给予这样的评价："余所译所著各种算书，自谓远胜古人，当今之世能读而尽解之者，惟吴太史子登（嘉善）及华（蘅芳）君耳。"并有"独务精深""空前绝后"

一类的赞语。吴嘉善则誉他为"自树一帜，卓然成家"。不过平心而论，华蘅芳的数学成就——开方术、积较术、数根术，比起李善兰的尖锥术、垛积术、素数论来讲，是要逊色一些。华蘅芳的著作平浅易解，这是他的一大特色。他回忆李善兰曾经对他说过："一切算法，其理无不从（天）元代（数）几何而出，惟当时微积之法尚未盛行，是以求之甚难，言之甚繁，又因急欲问世，先将各法付梓而解释则未详焉。历时既久，忘其从入之途，虽欲自解其术，亦难于下笔，此其大病也。惟愿自今以后，学者由浅入深，行一步必记其曲折，创一法必明其条段，则人人易解也。"华蘅芳颇以为然，"有鉴于此，故作《行素轩算稿》，务求浅显"。他对那种"好为隐互杂糅，穷极微奥，不屑以浅近示人，甚或秘匿其根源以炫异，变异其名目以托古"的陋习更是深恶痛绝，因此他自己的数学著作是"演为算式以习其数，设为问答以穷其趣。法由浅而入深，语虽繁而易晓"。

华蘅芳为他人的数学著作校算或作序写跋的有：1867年，校算李善兰《椭圆拾遗》；1885年，序华世芳《恒河沙馆算草》；1888年，跋项名达《象数一原》；1892年，序贾步纬《躔离引蒙》；1898年，序蒋仲怀《对数或问》；1899年，跋周达《勾股三角求整数术》；1899年，序周达《三角和较术解》。

除数学著作之外，华蘅芳尚有《行素轩文存》（收序、跋、杂文17篇）、《行素轩诗存》（收古、近体诗86首）刊行。又曾辑《行素轩时文》，"刻之以质世之能文者"，现仅存一篇《大题文府下孟》；曾著寓言《紫鸾仙语》，"尝刊行之，今佚"。

"等身著述惟书在,逝水年华与墨磨。"华蘅芳一生孜孜不倦地写作,他所留下的科学文化遗产是很丰富、很宝贵的。

五、如春蚕吐丝,到死方尽耳

1875年,徐寿、傅兰雅在上海邀集中西绅商捐资创办格致书院,延聘中外名人学士讲演科学知识,还设有博物院、藏书楼供学生实习和阅览之所,已初步具有近代科学研究机构的性质。格致书院成立以后,华蘅芳曾由江南制造局移至此处讲学。

1886年,李鸿章创办天津武备学堂。这是一所模仿外国建军方法来培训中国军队而设立的新型陆军学校,它为清末北洋军阀培养了不少军事人才。华蘅芳曾于1887年到天津武备学堂讲学。他发现"其中肄业之徒皆自淮军各营选来武夫,略知文字,于古今算学之书未能卒读,难与言几何、代数之精,而测量之事又为行军所必需",当时武备学堂的算学教习卢木斋、姚石泉、孙筱垞等,"恒苦无善本之书,朝夕授徒,使之但知其法而不明其理",华蘅芳便写成《平三角测量法》作为教材,"足以致用"。

那时,天津武备学堂买到一个法越战争时期法国军队侦察用的旧氢气球,要求一个德国教习利用它做飞行表演。这个德国人也许是不会,也许是故弄玄虚,对氢气球的原理和制法秘而不宣,反而让中国学生自己去施放。虽然早在100年前的1783年,法国人蒙哥尔费兄弟已经制成了早期的热气球,法国物理学家查尔斯也成功地做了世界上第一只氢气球的实验,但在那时候,中国人还没有见过氢气球。学生们问到华蘅芳,他便同大家一起查资料,想办法,终于另外制成了一个直径五尺的大气球，并用盐酸制造氢气充于其中，让它飞上了天，学生们都高兴得欢呼了起来，那个德国教官自觉惭愧，从此对华蘅芳十分佩服。这是中国航空史上自制的第一个氢气球。

华蘅芳在天津时，还有一次有个驻德外交使节带回了一台外国新出的试弹速率电机，十分得意地炫耀起来，但这个外交使节却不懂得电机的性质和使用方法，后来请人把说明书翻译出来，仍然不知其所以然，受到在场外国人的耻笑。华蘅芳听说此事，赶到现场，接过说明书看过之后，便把这部电机的性能、用途和使用方法作了详细的讲解，并且当即进行表演。嘲笑中国人的外国人只得灰溜溜地走了。华蘅芳以他渊博的科学知识和丰富的实践经验维护了中华民族的尊严。

1892 年，年近花甲的华蘅芳又远涉湖北武昌，主讲两湖书院的数学课程。1893 年，湖广总督张之洞同湖北巡抚谭继洵在武昌建立新型的自强学堂，分方言（外语）、算学、格致（科学）、商务四科，第二年所设的算学一科也移至两湖书院由华蘅芳讲授。

1898 年，65 岁的华蘅芳还回到家乡，执教于无锡竢实学堂，这是一座新建的中国早期小学校。华蘅芳对幼童的数学教育，是启发诱导，培养兴趣，集中他们的注意力，提高他们学习的积极性。据说他"手画黑板，有时故错舛其数"，学生发现，笑了起来，连声喊道："先生误矣！"于是他抽问学生起来上台演算，改正错误，然后笑着对学生说："我今老矣，算学竟不及尔等！"从此以后，学生们学习数学的劲头更大了。

华蘅芳的弟弟华世芳，字海琪，号若溪，比华蘅芳小 21 岁。

1862年华蘅芳离家到安庆时,他才八九岁。他在家自学了华蘅芳的数学藏书,也精于算术。后来"与兄切劘算理,积以经验,撰述斐然"。1884年著《近代畴人著述记》附于华蘅芳《学算笔谈》卷十二"论《畴人传》必须再续"之后。又于1885年刻印《恒河沙馆算草》,收《答数界限》与《连分数学》两种数学著作,分别论述一次不定方程整数解的组数和有关连分数的定理。至于已成而未刊者,尚有《今有术》《双套勾股》《三角新理》等稿。1892年华世芳随其兄于武昌两湖书院及自强学堂任算学教习。1896年任常州龙城书院山长,"以经、史、舆地、算学四门课士,悉心指授,士论翕然"。1897年兼主江阴南菁书院及靖江马洲书院。1904年就任上海南洋公学总教习,后入京充商部高等实业学堂算学教习,"口讲指画,不辞劳悴。日课之外,复编讲义,务以详明晓畅,启发后来"。在其兄华蘅芳去世(1902)三年之后,华世芳于1905年2月20日因肺疾殁于学舍。

华蘅芳作为晚清数学界的一代宗师,"一时承学之士,闻风兴起,诱掖奖励,孜孜不倦,因材施教,造就尤多,及门私淑弟子,今充各省高等学堂教员者指不胜屈"。他的学生江衡、杨兆鋆等,以及他的弟弟华世芳,都受到他的影响,成为有著作的数学家。华蘅芳"平生受各大吏知遇,币聘争先,未尝一涉宦途",而"澹忘荣利,务崇敛抑","暮年归隐,惟以陶育后进为事","敝衣粗食,穷约终身",真是"如春蚕吐丝,到死方尽耳"。

(作者:王渝生)

章颐年

中国心理卫生的开拓者

章颐年

(1904—1960)

20世纪初，大批青年学者负笈欧美，将近代以来的自然科学与人文社会科学思想带回国内。以留美学生为主干的大批中国心理学先驱，在北京大学建立了第一个心理学实验室，在南京高等师范学校建立了我国第一个心理学系，全国性和地方性的心理学会相继成立，相关学术刊物先后创办，心理学的学术专著和译著先后出版。至此，科学心理学开始在国内生根发芽。随着科学心理学的传入，"心理卫生"也以心理学的一个重要应用领域而被引入。谈到我国近现代的心理卫生运动，就不得不谈到这场运动的发起者——章颐年。

但由于历史的变迁和史料散佚，心理学界对章颐年缺乏了解，因此学界都知道我国心理卫生事业开始于20世纪初，但作为开拓者的人选却存在争论，比如有人认为是吴南轩，有人认为是丁瓒，有人虽提到章颐年，但语焉不详，即有少量介绍，也多与史实不符。如《荆其诚心理学文选》中，将章颐年在暨南大学开设心理卫生课程的时间误为1920年，并将这个时间作为国内首次系统开设心理卫生课程的时间；又如2013年底重印的章颐年的《心理卫生概论》中，将作者回国的时间误为1922年。这对修订我国心理学史非常不利。本文依据相关史料，特对章颐年生平事迹予以整理，在厘清相关史实的同时，重新评价章颐年的学术地位。

一、学术生平

章颐年，原名章长春，后更名为章仲子。汉族，于 1904 年 6 月出生于浙江省余杭县（今杭州市余杭区）仓前镇，系著名国学家章炳麟（号太炎）仲兄章炳业之子。浙江仓前章氏是书香世家。章颐年的祖父章瀁（字轮香），自幼研读典籍，后任县学训导，在余杭颇有影响。章瀁生三子：长子章炳森，于光绪十四年（1888）中举人；次子章炳业，即章颐年的父亲，于光绪二十八年（1902）中举人，曾任浙江省图书馆馆长，目录学家；三子即著名国学家章炳麟。章颐年的父亲章炳业曾主持浙江省图书馆馆务工作 14 年，建树颇丰，曾创办《浙江公立图书年报》，发起组织浙江省会图书馆协会，任首任会长。参与发起成立中华图书馆协会，被选聘为执行部干事。编有《浙江公立图书馆保存类目录》《浙江图书馆通常图书目录》《乙卯补抄文澜阁四库全书目录》等。

由于出生在知识分子家庭，章颐年从小受到良好的教育。他早年先后就读于杭州第一师范学校附属小学、杭州省立第一中学。1927 年，章颐年毕业于金陵大学心理学系。由于当时心理学在中学尚未开设相关课程，毕业后他曾在滁州中学担任英语教员一年。但因为当时所从事的工作脱离自己所学专业，为了更系统地学习心理学知识并能从事专业的心理学工作，1928 年 8 月，章颐年前往美国留学。他曾先后获美国纽约州立大学文学学士学位和密歇根大学心理学硕士学位。在美国留学期间，他主攻实验心理学，但当时美国正开展得如火如荼的心理卫生运动对他的影响更大，他接受了心理卫生方面的专业培训并形成了对心理卫生的独到见解。1930年8月,章颐年学满回国后即被聘为上海暨南大学心理学教授,并在国内率先开设心理卫生课程,时年26岁。由于此前国内高校中并没有人专门开设过此类课程,章颐年因而被誉为我国讲授心理卫生课程的第一人。此外,他还在该校开设生理心理学和心理学史等课程。

次年,浙江省教育厅在省立两级师范学堂的基础上筹建"省立杭州师范学校"(今杭州师范大学前身),聘请章颐年担任首任校长。此时他虽然担任中等师范学校校长,但浙江省教育厅仍破格给予教授待遇。担任省立杭州师范学校校长期间,章颐年积极倡导将心理健康知识应用到家庭与学校教育之中,并坚持"教育的目的,就是要造成一个完整的人格……心理卫生的目的,也是要人们的人格获得健全的发展。能对生活环境做正常的适应。所以教育和心理卫生有着一个共同的目标……良好的教育必须依据着心理卫生的原则,否则便不能尽教育的使命"的理念,努力将心理卫生的理念贯彻到教育实践之中。为此,他四处奔走,组建教育方面的专业学会,积极推进教育专业化的发展。1932年,章颐年作为浙江省中学教育研究会的发起人之一,任常务理事。1933年,在著名教育家庄泽宣的介绍下,他加入了成立于该年的中国教育学会。为了更好地从事心理学研究,章颐年于1934年7月辞去省立杭州师范学校校长职务,被大夏大学聘为心理学教授兼师范专修科主任,负责讲授心理学课程。1936年,章颐年在大夏大学教育学院创立全国为数不多的教育心理学系,并担任首任系主任。当时,大夏大学的教育心理学系在全国办得很有影响，我国著名心理学家张耀翔曾对此给予了很高评价。为此，教育部特拨款添置设备，扩充实验室。此外，章颐年还担任该校师范专修科主任，在负责讲授心理学课程的同时，指导学生选课和毕业论文。由于时局的影响，全国性学会在当时难以较好地发挥作用，在这种情况下，中央大学、大夏大学、燕京大学和清华大学等高校的心理学系相继成立校级心理学会。大夏大学心理学会由章颐年负责，附设心理诊察所，开展心理卫生方面的工作。1936年4月，大夏大学心理学会创办心理学通俗杂志《心理季刊》，章颐年任主编。在1934—1936年期间，上海心理学界人士活动频繁，经常组织正式或非正式的学术会谈，他们主要由暨南、大夏、光华、复旦、沪江等大学教授组成。但这些活动苦于无正式组织，使活动的进一步开展面临诸多困难。于是在1936年10月份，由章颐年、张耀翔和章益等14人发起"上海心理学会"，该学会于1937年1月10日正式成立，比中国心理学会还早14天。由于当时具有心理学系的高校主要集中在北京、上海和南京一带，因此，上海心理学会的成立对于随后中国心理学会的成立具有重要推动作用。就在筹备上海心理学会期间，京沪等地学者发动组织"中国心理学会"，章颐年也是早期32位发起者之一。1937年1月24日，中国心理学会在南京成立，章颐年被选为学会理事。在首次召开的理事会上，章颐年等3人担任第一届年会委员。后来由于七七事变爆发，学会活动被迫停止，第一届年会也因此被取消。1936年，中国心理卫生协会在南京成立，章颐年作为发起人之一，任理事兼编译委员会委员。此外，他还担任中国测验学会的编译委员会委员。尽管后来因抗日战争的全面爆发，中国心理学会、中国心理卫生协会等学术团体的活动暂时中断，但是，章颐年凭个人的努力对我国多个心理学学术团体的建立起到重要的推动作用。

1937年因抗日战争全面爆发，北京大学、清华大学和南开大学组成联合大学，奉令南迁。8月，大夏大学、复旦大学组成第一联合大学，准备内迁。章颐年任复旦大学、大夏大学第一联合大学教育心理系主任兼师范专修科主任。12月，第一联合大学西迁至江西庐山牯岭，后辗转至贵阳，章颐年留庐山处理善后事务。次年8月，在著名教育家孟宪承的介绍下，章颐年被广州中山大学聘为心理学教授，讲授心理卫生学。后广州失守，章颐年辞去中山大学教职。1939年6月，章颐年前往贵阳大夏大学任教，并兼任教育学院院长之职，指导学生选课、毕业论文和学分审查。1940年9月，章颐年重新回到上海暨南大学任教。次年太平洋战争爆发，日军入侵上海，暨南大学停办，章颐年转至大夏大学上海分校，继续担任教育学院院长之职。后因与大夏大学教务长鲁继曾不和，章颐年离开大夏大学。

此后，他曾一度担任杭州潮声月刊社主编。汪伪政府成立后，因其姐夫傅式说曾任伪浙江省政府主席和建设部部长，章颐年也曾担任杭州伪浙江省政府参事和南京伪建设部总务司长等职务。抗战胜利后，汪伪政府解散，章颐年赋闲在家。1947年，傅式说被国民政府以汉奸罪处决。章颐年因担心受姐夫傅式说案牵连，改名为章仲子，在著名教育家黄敬思的帮助下，先后担任青岛中国石油公司、青岛齐鲁企业公司秘书。1949年4月，因齐鲁企业公司迁往台湾，章仲子受上海联合国卫生组织之托，为上海商务印书馆编写结核病防治专刊，编著儿童及大众读物。1950年，商务印书馆出版了章仲子的《詹天佑的故事》《李仪祉的故事》《鸦片战争》和《卡介苗》等读物。同年7月，商务印书馆迁入北京，世界卫生组织撤回，章仲子接替姐姐章慕君在上海人文中学的教职，担任高中语文教师，并于同年加入中国教育工会。

由于章仲子早年在心理学界影响较大，1951年2月，章仲子在早年大夏大学同事、时就职于华东师范大学的张耀翔与杜佐周两位教授介绍下，前往位于兰州的西北师范学院（今西北师范大学）教育系任教，主要承担发展心理、青年心理和特殊儿童教育等课程的教学和研究工作。在教学中，他曾自制实验仪器，极大提高了学生的学习兴趣。1957年12月，章仲子被中共西北师范学院党委错误地划为右派。1958年8月，章仲子被送往酒泉夹边沟农场劳动教养（保留公职），于1960年12月在劳教中亡故。次年，章仲子被摘掉右派帽子。1979年4月，中共甘肃师范大学（西北师范大学前身）党委决定恢复章仲子政治名誉，恢复其教授职称，妥善处理一切善后抚恤事宜。

二、学术贡献

作为我国现代心理学奠基人之一，章颐年的学术贡献首先体现在他的心理卫生观和对心理卫生事业的开拓上。无论是在学术领域还是在应用领域，我国现代意义上的心理卫生运动是在西方的影响下发展起来的。尽管我国早在奴隶社会时期就有了心理健康的观念

（比如台湾学者黄坚厚曾探索过蕴藏在"四书"中的心理健康观），在我国几千年的历史中，这种心理健康观念一直通过先哲的治心养性的思想得以表达，这种传统的心理卫生观念一直保持到20世纪初（比如在19世纪中叶，陆定圃在《冷庐医话》中专门谈论心理健康问题；20世纪初，唐宗海通过注释《内经》，试图会通中西心理卫生思想之间的差别），但现代意义上的心理卫生运动却始于20世纪初，在西方心理卫生运动的影响下而发起的。西方的心理卫生运动开始于19世纪末20世纪初。美国学者比尔斯是这一运动的重要推动者。比尔斯曾因精神失常而在精神病院接受住院治疗三年，住院期间，他受到非人的待遇，目睹了病友们的各种痛苦。出院后，他立志终生投身于心理卫生事业，并将自己在精神病院的所见所闻写成了一本自传性的著作《自觉之心》。该书于1908年出版后，心理卫生事业受到著名心理学家及社会各界的支持。该年5月，比尔斯组织成立了世界上第一个心理卫生组织——"康涅狄格州心理卫生协会"。次年，在比尔斯等人的努力下，全美心理卫生委员会成立了，该委员会后来还创办了《心理卫生》杂志，采用多种方式普及心理卫生知识。1930年，在比尔斯等人的努力下，第一届国际心理卫生大会在美国华盛顿召开，国际心理卫生委员会由此成立。

　　章颐年在美国学习期间，正是美国心理卫生运动蓬勃发展之时。尽管他在美国主要接受的是实验心理学方面的训练，但最让他震撼的还是心理卫生运动给世界带来的巨大变化。为此，他曾在《心理卫生概论》中用了一章的篇幅介绍国外的心理卫生运动，并对比尔斯其人其事多有溢美之词。他将《自觉之心》视为一部"不朽的名著"，认为"比尔斯以一个人一本书的力量，首创这种伟大的运动，他对于人类的功绩，实在是值得敬佩的"。章颐年历数了比尔斯所获得的诸多荣誉，并说"但这些对于他的不可度量的伟大贡献，仅只是一点些微的酬谢"，"比尔斯的功绩，真不是几句话所能表示的"。的确，比尔斯对青年章颐年的影响是巨大的，这种巨大的影响，足以成为他在国内开展心理卫生运动的重要动力。事实上，章颐年回国后之所以极力推动心理卫生运动，至少有两方面的原因：首先是他对比尔斯其人其事的认同，其次才是他对心理卫生事业本身的重视。章颐年曾借卫生署长刘瑞恒之口表达了自己的感情，"我们现在所需要的是一个中国的比尔斯"，但他更相信，自己通过努力也可以成为比尔斯，"诚然，我们需要着如比尔斯一般坚强的意志与无休止的努力，但我们不能愚痴地等待着一个中国比尔斯的到来。每一个人都可以做比尔斯的！"从后来章颐年回国后的人生经历来看，他的确以中国的比尔斯自许，在中国，他"以一个人一本书的力量，首创这种伟大的运动"——中国的心理卫生运动：率先开设心理卫生课程，撰写第一部心理卫生领域的专著，发起中国心理卫生协会，创办期刊，组建儿童心理诊察所……正是在章颐年和一大批有志之士的共同努力下，中国的心理卫生事业逐渐发展起来。

早在20世纪20年代，在国内的《教育杂志》《学生杂志》等期刊上就开始零星出现谈论心理卫生的现实意义方面的论文，目前能看到最早的心理卫生论文是周尚于1923年发表于《教育杂志》的《问题儿童与心理卫生》。1930年，当国际第一届心理卫生会议召开的时候，会议的召开情况在《安徽教育》等杂志上被报道。后来吴南轩对国际心理卫生的发展状况进行了详细的介绍，可见国内已经开始关注国际的心理卫生运动的动向。除报道国际心理卫生的发展状况之外，大批学者也专门撰文对开展心理卫生的必要性、心理卫生的范围与内容等基本理论问题展开探讨，比如陈宗仁的《心理卫生与心理学》、吴南轩的《心理卫生意义范围与重要性》、萧孝嵘的《心理卫生之基本原则》等。但总体而言，这时期对心理卫生的关注只涉及对国际心理卫生的发展状况的介绍、对心理卫生的基本理论问题进行讨论以及其与具体应用领域的关系。尽管张耀翔、吴南轩等人也于20世纪30年代初期在国内相关高校开展过心理卫生方面的专题讲座，但总体而言，这时专门的课程和专著并未出现，因此，系统的心理卫生的研究和教学并没有展开，而系统的展开则始于章颐年。章颐年于1930年回国后，即在上海暨南大学开设心理卫生课程，开启了近代国内心理卫生教育之先河。此后，国内大学陆续开设心理卫生课程，如美国传教士夏仁德于1932年在燕京大学心理学系讲授心理卫生课程，吴南轩于1932年下学期在中央大学开设心理卫生课程（关于中央大学开设心理卫生课程的时间，尽管在许多资料中显示1930年前后，但通过查阅可靠资料，无论是中国心理卫生协会的工作汇报中，还是中央大学心理学课程表都显示是1932年），北京大学于1935年开设心理卫生课程。

章颐年的心理卫生课程的讲授内容是以在美国的学习内容并结合自己对现实的理解撰写的讲义，但后来由于"一·二八事变"爆发，章颐年离开暨南大学，讲稿也佚失。1935年，当他重新在暨南大学和大夏大学同时开设这门课的时候，还因找不到一本专门论述心理卫生的教材而苦恼，足见当时国内心理卫生事业发展之缓慢以及撰写专著之迫切。为此，他在查阅大量资料的基础上，结合对早先讲义的回忆，写成了我国第一本心理卫生领域的专著《心理卫生概论》，该书于1936年由商务印书馆出版。

该书一经出版，即受到社会各界的关注，并被广为介绍。在这本书中，章颐年系统阐述了自己对心理卫生的理解。他在回顾国际心理卫生运动发展状况的基础上结合我国实际情况，提出心理疾病将造成巨大的社会、经济和精神损失，因此，尽快在国内开展以心理疾病预防为目的的心理卫生运动，迫在眉睫。为此，他认为心理的健康表现为人格的健全，并在国内首次提出了心理健康的标准：（1）像别人，即个体的心理与行为处于与大多数人相似的常态之中；（2）与年龄相符，即个体的身心发展要符合年龄特征；（3）能适应他人，即具备正常的社交能力；（4）快乐，能获得较多的积极体验；（5）统一的行为，即正常人的行为是一致的、完整的，而心理不健全的人的行为则是分裂的、矛盾的、互相冲突的；（6）适度的反应；（7）把握现实，能主动面对现实而不是逃避现实；（8）相当尊重他人的意见。确立了心理健康的标准之后，他开始讨论心理疾病的根源，认为健全的人格需要两个必备条件，即常态的天赋和适宜的环境。但遗传与环境的影响孰重孰轻历来是心理学家争论的焦点，在这一点上，章颐年认为，"健全的人格，小半由于遗传，大半由于环境所决定。一个天赋较劣的人，若能一直生长在适宜的环境中，仍然能获得健全的发展"。为此，他进一步提出，心理疾病来源于个体的幼年经历，将影响个体心理健康的因素从难以控制的先天遗传转移到便于控制的后天环境上。这一点构成了章颐年心理健康观的基石，正是在这里，他将教育的本质理解为健康人格的培养。于是，他系统地论述了破坏人格健康发展的力量和环境条件。章颐年认为，破坏人格健康的力量主要有三种，即怕惧、失败和冲突。因此，要预防心理疾病和维护人格的健全，就必须从导致这些力量产生的环境因素入手。导致这三种破坏力量的环境主要涉及家庭、学校、医院、司法部门和企业，而与这些部门息息相关的人，即是对人类人格健康影响较大的人，这包括父母、医生、教师、法官和企业家。但在这五个方面之中，他又特别强调家庭和学校对健全个人人格的重要意义，因为个体的人格主要形成于成年之前。在这段时间中，个体主要在家庭和学校中度过。因此，父母和教师就构成了健康个人与健全社会的基石。为此，家庭教育和学校的心理健康教育就构成了章颐年关注的重点。

章颐年的《心理卫生概论》作为我国近代第一本心理卫生方面的著作，对我国的心理卫生事业的发展产生了深远的影响。一方面，该书开启了以近代科学心理学的观点研究心理卫生之先河，此前尽管也有许多国人谈论心理卫生的著述，但自心理学作为独立学科在德国诞生以来，这是第一部以新心理学观点系统论述心理健康的专著；另一方面，该书在相当长的一段时间内保持"一枝独秀"的状态——在心理卫生领域，早期影响较大的著作主要有两本，即章颐年的《心理卫生概论》（1936）和丁瓒的《心理卫生论丛》

（1945）。事实上，《心理卫生概论》的历史影响是《心理卫生论丛》所无法企及的，这不仅表现在两本著作出版年代存在 10 年的时间差上（丁瓒于 1932—1936 年间在中央大学学习心理学，此时正值吴南轩在中央大学开设心理卫生课程之时，而吴南轩的课程开设尚晚于章颐年，因此毫无疑问，丁瓒在心理卫生领域也只是一个后生晚辈），同时丁瓒的《心理卫生论丛》是一本汇集他 13 篇论文的论文集，因此严格地讲，它还算不上学术专著。而《心理卫生概论》则是近代以来第一部从科学心理学角度系统论述心理健康问题的学术专著，它不仅是"第一"，而且其权威地位一直持续至 20 世纪 80 年代之后。此外，自国内高校陆续开设心理卫生课程，特别是《心理卫生概论》出版之后，心理卫生作为心理学的应用领域逐渐受到学者们的关注。从 1936 年开始，关于心理卫生的文章陆续出现在相关刊物上。事实上，就在《心理卫生概论》出版的同一年，德国心理学家君克冞的《心理卫生丛谈》中文版由商务印书馆出版，但这本书主要涉及日常生活中的心理状态、心理治疗、教养方法、公共福利、个人的自我教育等心理健康问题，并未对心理卫生的发展历史、对象与内容等学科基本问题进行系统探讨，其影响也远远不如章颐年的《心理卫生概论》，这从《心理卫生概论》自 1936 年出版后几年连续重印这一事实中也能看出。

三、学术传播与应用推广

为了更好地让家庭和学校成为健全个人人格的环境，章颐年除开设心理卫生课程之外，还创立了大夏大学心理学会。从其所从事的活动来看，大夏大学心理学会不是从事严谨的学术活动的团体，而是一个活泼富有生气的学术推广团体。资料显示，大夏大学心理学会主要开展的活动包括辩论会、演讲会、实地考察、创办问题儿童心理诊察所及科普杂志等。在这些活动中，辩论的范围较为宽泛，旨在提高学生的综合素质。演讲主要包括通俗和学术两个方面，主要围绕着应用心理和心理卫生展开。由于大夏大学心理学会的影响较大，曾受上海市政府之邀，在上海市广播电台定期播出心理学方面的演讲，旨在更大范围内推广心理卫生方面的知识。此外，章颐年为了将理论与实践相结合，定期带领学会会员前往苏州精神病院和北桥普慈疗养院实地参观考察。不仅如此，学会在1935年9月创立了问题儿童心理诊察所，章颐年任所长，下设测验股、调查股和访问股，旨在对顽皮、愚笨、偷窃、自卑、恐惧等问题儿童进行诊断，并在可能的范围内予以适当的治疗与处置。心理诊察所的设置，是章颐年受全美心理卫生委员会的影响（全美心理卫生委员会于1922年设立儿童指导诊察所），但对我国心理卫生事业的开展而言，却具有开创性的意义——作为国内第一个心理诊察所，它开启了学校心理诊断与咨询之先河。此后，心理诊察所陆续在国内设立，比如中华慈幼协会于1936年秋在上海设立儿童心理诊察所，1939年有外国人在上海建立问题儿童诊察所，这无疑都是步章颐年之后尘了。

大夏大学心理学会的另一个开创性贡献在于，于1936年4月发行我国第一本心理科学的通俗刊物《心理季刊》。该刊以"应用心理学改进日常生活"为口号，认为"心理学的研究固然重要，但怎么样使一般人认识心理学，怎么样使大家应用心理学研究的结果改进日常的生活以及自己的事业，是一件更重大的事。所以，本刊极愿在大家的爱护之下，负担这一份重大的使命"。尽管该刊后因抗战爆发而停刊（大夏大学迁至贵阳后，大夏大学心理学会又在贵阳市革命日报副刊中办起了当时国内唯一的心理学刊物《新垒周刊》），前后只发行了六期，共载文 87 篇（包括译文 4 篇），但对于向大众推广心理学知识，却产生了不可估量的影响——它被张耀翔视为中国早期影响最大的三个心理学刊物之一，另外两个分别为艾伟主编的《心理半年刊》和陆志韦主编的《中国心理学报》——在这三个刊物中，《心理季刊》是唯一的通俗刊物。此外，由章颐年、张耀翔和章益等人发起的上海心理学会成立之后也举行了题为"心理与人生"的通俗讲座，每周一次，其主要内容也多涉及心理健康的维护，这对宣传心理健康的理念也具有重要意义。

另外，章颐年也是中国心理卫生协会的发起者之一。1936 年，在南京中央大学教育学院同人的努力下，章颐年等 32 位发起人向全国心理学界征求意见，筹备成立中国心理卫生协会，旨在"保持与促进国民之精神健康及防止国民之心理失常与疾病为唯一之目的，以研究心理卫生学术及推进心理卫生事业为唯一之工作"。1936 年 4 月 19 日，中国心理卫生协会在南京成立，通过通讯选举，章颐年被选为首届 35 位理事之一，兼任编译委员会委员。由此，我国第一个旨在促进国民心理健康的专业学术推广组织正式成立。1937 年因抗日战争全面爆发，协会活动被迫停止。尽管 1948 年协会曾召开过一次局部性的会议，但协会正式恢复活动则是在半个世纪以后。1985

年,中国心理卫生协会在山东泰安重新建立,心理卫生事业得以重新全面展开。尽管中国心理卫生协会的活动停滞近半个世纪之久,但其对推进中国心理卫生事业发展的影响则是深远的。试想在协会初创之时,时值国运乖蹇、物力维艰,章颐年等一大批有志之士,努力加强同人间的交流和探讨,大力传播心理健康的理念,这种精神对鼓舞今天的心理卫生事业的发展,是弥足珍贵的。

在学术传播方面,章颐年还积极推动各级心理学会的设立与发展。如前文所述,章颐年创立了大夏大学心理学会,并先后参与发起上海心理学会、中国心理学会和中国心理卫生协会,并成为这些重要学会的骨干力量。事实上,他是中国心理学会和中国心理卫生协会的缔造者之一(32位早期发起者和学科奠基人之一),但由于后来抗战全面爆发,这些学会的活动被迫中断。而待学会活动于解放后重新恢复之时,章颐年又调离上海。由于历史原因,章颐年后期未能继续参与国内心理学会的建设工作,但他作为早期奠基者之一,其功勋是不容磨灭的。此外,他还积极参与以推广应用心理学知识为目的的教育学会。比如,他曾发起浙江省中等教育学会,并任常务理事。另外,他也是中国心理测验学会的早期骨干之一,并担任该学会编译委员会委员。由此可见,章颐年为我国心理学学术团体的建设和心理学思想的传播作出了重要贡献。

此外,他还创办了心理学的通俗刊物《心理季刊》和《新垒周刊》。在20世纪初我国心理学学科创立之初,先后有好几种心理学刊物创刊后又停刊。如在1940年之前的有《心理》(1922—1926)、

《心理学半年刊》(1934—1937)、《心理与教育》(1935)、《心理教育实验专篇》(1934—1939)、《心理教育研究》(1936)。由于时局不稳,当时的学术刊物很难持续办下去,而正是这些断断续续出现的刊物,将心理学这门学科延续了下来,将那个时代的心理学研究成果和思想延续了下来。由章颐年创办的《心理季刊》就是这些刊物中的一种。就在该刊创办一年多之后,抗日战争的全面爆发使得大夏大学历经至庐山最后到达贵阳的内迁。到贵阳之后,因刊物未能复刊,大夏大学心理学会于1938年4月2日假借贵阳市革命日报副刊,办起了延续大夏心理学之传统的《新垒周刊》。除创办刊物外,章颐年在《心理季刊》《教育季刊》《金陵光》《幼儿教育》《教与学》等杂志上发表心理学的科普文章多篇,对加强心理学的日常应用起到极大推动作用。

在学术传播方面,章颐年另一个重要贡献表现在他充分发挥归国学者的优势,积极介绍国外心理学的研究进展。早在还是金陵大学一名学生的时候,他就撰文介绍行为主义心理学,并结合勒庞、麦独孤和奥尔波特等人的观点对群体心理提出了自己的理解,认为由于群体中人的思想趋于一致,因而人在群体中即失去自己的个性。留学归来以后,他又撰文介绍完形心理学派、试误说、构造心理学派等国外心理学派的思想进展。此外,他还经常介绍国外著作和文章,比如他曾在《儿童教育》杂志上介绍美国新近出版的三部儿童心理健康方面的著作《健康童年》《快乐童年》和《忙碌童年》。如前文所述,由于章颐年一直坚持认为成年之前的人生经历对于此后的健全人格具有重要影响,而个体幼年主要是在家庭和学校度过的，于是他特别强调家庭教育和学校教育对个体的心理健康的决定性意义。他认为，一个人在成为父母之前必须经历专门的训练，因为父母对儿童的教养是儿童心理健康的基石。他对时下大部分人仅仅认为以供给衣食住行即尽到父母的责任的观念进行了批评，认为养育子女是一件比成为医生、教师和牧师等专业人士更加高级的事业，但事实上，人们似乎更注重后者。于是他大声疾呼，呼吁人们不仅要爱自己的子女，更要懂得如何去"爱"，那就是给予"贤明的教训"。认为应该将做父母的知识和技能，设置成专门的科目，列入各级学校的课程之内。并建议将学校中的抽象科目减少一些，多加些实用的"父母学"。他断言这对未来给人类带来的贡献，必然会超过算术、国语和史地方面知识的传授。

这些观点在近百年后的今天看来，依然不过时。因为当时章颐年所见到的问题，现今依然存在。人们更加重视获得一种具体职业的培训，而很少有人接受如何成为父母方面的培训，而这种对如何做父母方面的培训的缺乏，依然是儿童时期及成年后心理健康问题的主要根源。在学校教育与心理健康关系方面，他依据心理健康原理，认为心理卫生的观念应该贯彻到所有的学校教育中，因为教育的目的不仅仅在于知识的传授，更在于健全人格的培养。为了完成这个目标，他提出了特殊教育对维护学生心理健康的重要意义，并提供了一系列解决措施。此外，他还认为学校不应该仅仅是提供知识教育的场所，更应该关注学生的适应情况，因而建议实行"访问教师"制度，以负责学生、学校和家长三方面情况的沟通，以促进学生健康成长。

此外，他还强调师资的训练（为此，他曾在《大夏周报》上发表《今后之师范专修科》来讨论这个问题）、学生的升学和就业指导等对个体心理发展的影响，通过具体的诸多措施，来切实有效地提高全民心理健康。这些积极的心理卫生观念，章颐年不仅用于课堂教学，并将它们贯彻在自己的工作之中，比如在他担任杭州师范学校校长期间，就曾发起中学教育研究会，试图在中学教育中有效贯彻他的心理卫生理念，同时他还发表大量关于家庭教育和学校教育方面的文章，如《怎样教导子女》《心理卫生与儿童训导》《慈幼教育：慈幼教育经验谭》《心理卫生在学校及家庭中的应用》《一封致父母的信》和《问题儿童的心理卫生》等，以有效宣传并推行他的心理健康观。

四、教育与机构建设

除心理卫生之外，章颐年对我国科学心理学的建制建设也有着重要贡献，这些贡献主要表现在如下两个方面：

其一，章颐年作为早期从事心理学研究的留美归国学者，长期致力于心理学的教学和研究，并在大夏大学组建教育心理学系，极大推动了科学心理学的发展。我国自古以来只有心理学思想而没有心理学学科。19世纪末，心理学作为一个独立学科在德国诞生。20世纪初，随着越来越多的青年学者留学归来，逐渐将西方的新心理学传入国内，于是，心理学逐渐开始在国内发展。1920年，南京高等师范学校成立了我国大学中的第一个心理学系，这对心理学学科在国内的发展而言，是一件开创性的事件。在此后的30年中，由于国家饱受兵燹之苦,心理学的发展十分缓慢。在解放前,全国仅东南大学、中央大学、北京大学、清华大学、燕京大学、辅仁大学、北京师范大学、大夏大学、复旦大学、暨南大学、沪江大学、浙江大学、金陵大学等十余所高校建立了心理学系。在这为数不多的心理学系中,由章颐年创立的大夏大学教育心理学系在全国颇有影响,被誉为"民国八大心理学系"之一。早在大夏大学1924年成立之初,教育科就设有教育心理学组。1936年,大夏大学在教育学院下设立教育心理学系,章颐年任首任系主任。大夏大学教育心理学系曾名师云集,著名心理学家张耀翔、陈一百、董任坚、陈选善、黄觉民等先后在此任教。由于当时教育心理学系办得有声有色,教育部拨专款添置心理学实验室设备,并增设动物心理实验室和心理仪器制作室。在学术研究方面,教育心理学系开展了动物心理研究、心理测验研究并自制心理实验仪器。心理仪器制作室或自行设计,或模仿国外仪器,制作的仪器坚固耐用,价格低廉,并转为其他大学制作实验仪器。此外,大夏大学心理学会和《心理季刊》都挂靠在教育心理学系,因此心理学会的活动都属于系活动的一部分,而教育心理学系在章颐年的努力下发展壮大,使得大夏的教育科学在国内影响很大,被誉为"东方的哥伦比亚"。

其二,奠基西北地区心理学学科。章颐年于1951年2月起在西北师范学院从事心理学教学科研工作,直到他去世为止,前后长达近10年时间,而这10年正是西北心理学学科从无到有的草创期间,因此章颐年无疑是西北心理学学科的奠基人之一。西北师范学院是我国西北地区最早从事心理学教学与科研的院校,它的前身是北平师范大学,后因抗战爆发西迁,组成国立西北师范学院。1940年,西北师范学院迁往兰州。早在1951年,西北师范学院教育系就下设心理学教研组,专门从事心理学的教学和研究工作。但当时非常缺乏这方面的专业人才,像章颐年这样接受过系统的心理学培养的高学历人才更是难得,他自然成为学科骨干。到兰州后,章颐年不仅从事心理学的专业课教学,而且将他早年在大夏大学自制心理学实验仪器的经验重新发挥。在助教郭雅仙和张世清的帮助下,制造了一些简易的心理学仪器辅助教学,极大提高了学生的学习兴趣。此外,在专业教科书极其缺乏的情况下,他曾编写《心理学大事年表》(西北师范学院心理学教研组,1957年),以供心理学史教学和研究使用。他还经常向兰州广播电台等媒体撰写心理学通俗文稿,以推广心理学的应用。但令人遗憾的是,章颐年在西北的经历并不顺利。他由于早年曾有在汪伪政府任职的经历,于1953年被甘肃省人民法院判处机关管制两年。在1957年的反右斗争中,章颐年又被错误地划为右派,至此,他完全脱离了自己所热爱的心理学事业。尽管如此,在今天国内心理学界占有重要学术地位的西北师范大学的心理学学科,同时也是为数不多具有心理学院建制和心理学博士培养资格的单位,在立足西北的艰苦环境中,能有今天的成就,章颐年作为西北心理学学科开创者的贡献不容抹杀。

五、结语

章颐年是中国第一个积极推进心理卫生事业之人:他率先在国

内大学中开设心理卫生课程，撰写了第一部心理卫生方面的专著，首次提出了心理健康的标准，创立了国内第一个心理诊察所，创办了第一本心理学通俗期刊，参与发起了我国第一个全国性的心理卫生协会。不仅如此，他在大夏大学成立了教育心理学系，创立的大夏大学心理学会则主要以促进心理健康为主要内容，组织多样的活动，积极践行自己的心理卫生理念。作为我国心理卫生的开拓者，章颐年无愧于"中国的比尔斯"之称。

（作者：舒跃育）

卢于道
与中国神经科学之发蒙启蔽

卢于道
(1906—1985)

1910年到1955年之间,行为主义挣扎于心理学与神经科学犬牙交错的"风暴眼"之中,美国心理学界重新开始反思"心灵""意识""自由意志"在神经系统所处的地位等笛卡儿时代以降的身心问题。20世纪初期的神经外科的发展为探索人类大脑的奥秘提供了一个强劲有力的新手段。行为主义的鼻祖与精神领袖约翰·布鲁德斯·华生在20世纪20年代后期开始将心理学从生物学中剥离出来,认为大脑不可近触且反应难测,他的关注焦点从中枢神经系统转向外周神经系统,从大脑转移至机体的感觉和运动器官。华生认为,有机体感觉和运动器官可以对外部环境的刺激呈现直观的反应动作,而将刺激的反应归因于中枢神经系统则无异于依靠内省法来研究意识内容。

作为华生的高足,卡尔·斯宾塞·拉什利沿袭着前者早期在心理研究中重视生物学的理念,这导致拉什利与华生后期行为主义观在认识论上存在最本质的差异。拉什利指出华生只关注机体反应而忽视了大脑与意识之于心理学的重要性,"他对生理器官的行为解释不为纯心灵留一点空隙,意识等同行为,再没有其他内涵了"。为了妥善应对身心问题,拉什利进一步指出,生理学与心理学之间的关系并非截然二分的,"没有生理学的支撑,行为学可以独行但举步维艰,究其原因乃心理学的解释原则具有生理学的学科性质，且心理学与生理学之间缺乏鲜明的分割线"。为探究身心问题，拉什利通过连接脑功能模式与行为模式之间的关系进而来弥合生理学与心理学之间的关系，其中对这一想法最为深入的检验便是他通过破坏白鼠大脑皮层不同区域来观测白鼠行为，进而评估白鼠的学习能力。然而值得注意的是，拉什利的整合工作似乎迈向了另一个极端，他将意识简单地视为大脑，坚信不存在无形的灵魂，完全用神经元和化学物质解释思想和感觉。他直言，"意识内容的要素就是对刺激的反应过程，并且无论是简单的断头动物的脊髓反射还是复杂的人类适应性活动，它们的基本机制中并不存在任何差异"。因此，很显然，拉什利这种秉持"动物实验在人类实验上具有适用性"的认识仍然带有强烈的行为主义烙印。

几乎同一时期，神经学作为一门新兴的生理学分支，神经学研究者也开始对身心问题产生浓厚的兴趣。美国芝加哥大学神经解剖学系的比较神经学家查尔斯·贾德森·赫里克支持并接纳拉什利整合心理学与生理学的理念，他指出："因为人是一种动物，因为他的'精神'能力确实是一种生命过程，那么心理学必然与生物学紧密相关。"与拉什利将意识还原为大脑不同，赫里克指出人类的部分意识经验不具有还原性，"但这不意味意识经验法则与我们经验的那些东西相一致。事实上，它们明显不一样。每个组织水平都有自己的独特的属性，其中一些意识经验不能被还原到那些较低的水平之上"。拉什利的意识还原倾向忽视了人类与动物之间的鸿沟，而赫里克则鲜明地指出了人类与动物之间的差异，

"大脑皮层之上有一种特别的心灵,它凸显了皮层联系中心的功能,这使得人类行为区别于禽兽——具有特别深远的意义"。赫里克强调低等动物和高等动物在学习方式上存在着差异,"人类不等同于白鼠……人比白鼠更庞大也更优秀"。赫里克进一步指出这种差异研究的意义与价值,"此外,对低等动物和高等动物的行为分析只有一种意义指向,就是将意识视作动物进化中一种积极的生物因素而不是将其作为没有因果关系的副现象"。这种立场凸显了心灵在生物进化之中的重要性——"心灵是进化中所有进步因素中最重要的因素"。

彼时,来自中国的青年学者卢于道接受了赫里克的理论与实践训练后,提出要透过脑研究聚焦精神活动。为了探究身心问题,卢于道开始了融合神经科学与心理学的辗转式研究计划,这些研究工作包括:(1)不稳定细胞研究。关于观测大脑半球的生长趋势和生长阶段探索脑的个体发展,寻觅不稳定细胞以解释人类高阶心理领域;(2)心理的进化研究。关于从低级哺乳动物至高级哺乳动物的大脑种系进化进而勘测心理进化的存在形式;(3)智力的生理结构研究。关于从大脑的神经细胞结构模型比较中西方的人脑智力。作为舶来学科,虽然这些心理学与神经科学的研究工作伴随神州大地上的烽燹而动荡沉浮,但却并未掩盖其成为世界近现代心理学史与神经科学史上的一抹亮色。

一、学术生平

1906年1月9日,卢于道出生于浙江东部沿海一个富饶的鱼米之乡——鄞县（远古时期堇山周围人口聚居，遂于"堇"字加"邑"而成鄞县。今属宁波）。卢于道之父常年奔波于湖北省汉口、樊城、老河口等地邮局，任通达消息往来的邮务员一职，月收入优裕，子嗣衣食无虞。卢于道的童年时光是在鄞县度过的，他发蒙于北隅小学，启智于澄衷中学——近代上海第一所中国人创办的新式学堂，在这里他接受了扎实的基础教育，培养了真挚的爱国情怀，汲取了"诚朴"校训的内蕴。

1921年起，卢于道前往南京东南大学（后改名国立中央大学）修习心理学和生物学，并于1926年获得理学学士学位。20世纪20年代末，正值中国首批心理学与生物学先驱留学归国任教，青年时期的卢于道相继邂逅了以陆志韦、秉志、陈鹤琴、郭任远与艾伟等为代表的第一批年轻导师，并受到这些年轻学者的思想熏陶。陆志韦首次在国内介绍巴甫洛夫学说，引进西方现代心理学的理论和方法，卢于道第一次真切地感知巴甫洛夫和美国行为主义等学派的魅力。秉志训练卢于道在动物学理论和实践研究方面的能力，他提出"捐出入之见，大无类之教，宏奖诱掖，无微不至，从之者如归，而生物学始昌大矣"，让卢于道萌发了通过学习神经学再回来研究精神现象的念头。1925年，卢于道选择转向生物学。

1926年，卢于道毕业后考取了浙江省政府设立的公费留学基金，赴美国芝加哥大学医学院解剖科学习，师从赫里克。在赫里克的悉心指导下，卢于道掌握了高超、娴熟的大脑切片技术，并开启了从脑的种系进化与个体发展入手探索精神现象学的学术生涯。1929 年，卢于道完成了题为《北美负鼠前脑的投射纤维》的博士论文，并借此顺利获得了芝加哥大学哲学博士学位。在赫里克的引荐之下，卢于道将博士论文拆分为《北美负鼠的前脑（第一部分大体解剖学）》和《北美负鼠的前脑（第二部分组织学）》两部分，分别于 1930 年至 1931 年间发表于《比较神经学杂志》第 51 卷和 52 卷，并由此获得了由洛克菲勒基金会提供的 2 万美元基金。从芝加哥大学获取博士学位后，年仅 24 岁的卢于道回到了祖国，当即被国立中央大学医学院（上海医科大学的前身）聘为副教授，主讲实验解剖学课程，为编纂《神经解剖学》积累了经验。1931 年至 1940 年期间，卢于道在中国现代心理学第一个全国性最高学术研究机构——中央研究院心理研究所担任研究员。1933 年著名生理心理学家汪敬熙担任所长之际，研究所开始侧重神经生理学的研究，特别注重心理现象的生理基础研究，尤其是神经解剖学和神经生理学基础。这为卢于道的研究工作提供了相对优越的平台。在这里卢于道开始了一段高效且富有创造力的时光，主要开展了以下三个方面的工作：（1）怒叫中枢的研究。卢于道与朱鹤年合作研究延脑和中脑对血压的调节时，发现刺激麻醉动物的延脑和中脑上的某些部位，动物会产生尖叫反应，是当年国际上最早观察到后来被进一步证实的关于中脑存在"怒叫中枢"的先驱研究。（2）神经细胞与脑结构研究。关注大脑皮层的生后发展、大脑皮层生后髓鞘的发展、大脑皮层神经细胞中核酸的研究、中西方人脑差异比较。（3）编纂《解剖神经学》。该书系统介绍了人体中枢神经系统结构与功能，也是我国近现代首部有关人体神经系统解剖学的教科书，对推动我国生理心理学发展具有深远的意义。

1937 年日本侵华战争全面爆发后，卢于道随中央研究院心理研究所辗转颠簸于长沙、衡山、桂林、贵阳和重庆等地。至 1941 年春，卢于道曾短暂任贵阳湘雅医学院教授，担任神经解剖学的授课教师。1941 年秋，卢于道抵达重庆北碚，受中国科学社负责人、中美教育文化基金会秘书长任鸿隽的委托，任中国科学社生物所教授，兼任中国科学社代理总干事和《科学》主编。国难时期，科学社发展情形江河日下，卢于道受命于危难之际，肩负着支撑科学社发展的重任。同时，他在研究工作上依旧保持着不竭的研究热情，主持开展了不同等级的哺乳动物大脑上的端脑、膈脑等脑区结构的横向比较研究。1942 年，卢于道凭借在中国科学社生物研究所期间解剖黄鼠狼、狸猫、豹及大熊猫等动物的脑所累积的经验，著成《脑之进化》，获得国家自然科学二等奖。1942 年 7 月 1 日，卢于道任《科学》编辑委员会的主编并着手《科学》复刊。1942 年秋，卢于道被内迁至重庆的复旦大学聘请为教授，于复旦大学开始漫长的教学生涯。他相继于 1942—1946 年、1949—1951 年兼任生物系主任，1949—1952 年兼任理学院院长，1953—1957 年兼任研究生部主任，1953—1985 年兼任人体及动物生理教研室主任职务。1953 年，复旦生物系相继成立八个专业，至 1954 年卢于道与孙宗彭在系内共同建立了人体与动物生理专业。

伴随着新中国的建立，卢于道开始更多地参与学会机构建设与科学普及工作。在学会建设上，自 1947 年中国动物学会恢复活动后，卢于道被常务理事会推选为司选委员。1947年7月在上海，卢于道任中国解剖学会重建后第一届理事会理事长。1950年，卢于道成为筹备重建中国心理学会的15位负责人之一，同年5月，卢于道与吴定良、欧阳翥、刘咸等人在杭州发起并组织中国人类学会。1958年4月底，卢于道被推选为负责进行自然辩证法研究会筹备工作的13人之一。在科学普及上，卢于道的科普工作围绕上海市科学技术普及协会（简称上海科普）这个平台展开。1950年11月，上海科普筹委会成立，卢于道任主任委员。1952年1月，上海科普正式成立，卢于道任主任委员。1954年8月，在上海科普举行的第一次代表大会上，卢于道被选举为主席。1958年11月20日至23日，上海市科学技术工作会议和上海市科学技术协会成立大会举行，卢于道被选举为副主席。

在"文革"开始之前，卢于道在复旦大学利用有限的实验条件开展了一系列研究工作。例如，1957年，卢于道将大熊猫与猫、狗的大脑相比较观测，因大熊猫脑和熊脑相似度极高而将熊猫归入熊类；并对猫、狸猫、熊、大熊猫大脑半球上的嗅脑、额叶、顶叶、颞叶、枕叶做差异比较。1966年，卢于道和王伯扬合作研究了延脑血压中枢的刺激效应规律以及刺激延脑网状结构的加压反应。1979年6月，在五届全国人大二次会议上，卢于道与当时任职于中国科学院上海生理研究所的张香桐教授联名提出在中国科学院筹建脑研究机构的提案，并获大会通过。1980年，经国务院批准，中国科学院上海脑研究所于上海成立，这标志着我国脑科学研究迈入崭新阶段。1985年8月4日，卢于道因脑血栓在上海逝世。

二、学术贡献

1. 探索脑的个体发展以解释人类高阶心理

1929年，卢于道于国际顶级解剖学杂志《解剖学年鉴》发表《人类大脑皮质在个体发育形成时其各层的机能》，旨在通过人脑解剖呈现人类胚胎在大脑皮层形成时的不同阶段各层的机能，从而考察学习、思维与推理等高阶心理活动在大脑皮层上真正的运行过程。卢于道指出，当时神经学家为了将心理归因为大脑皮层活动而搭建的理论，包括传导性功能说、大脑功能定位说及任一神经元刻板运动说，都无法充分而有效地回答大脑皮层之上人类的心理状态或真实运动。例如，大脑功能定位说认为每个大脑皮层区域只负责一种功能。卢于道一针见血地指出大脑功能定位说的缺陷："（1）每个脑区都有使脑区无法独立运作的联合和联想纤维，所谓的大脑皮层定位的功能只不过是初级感觉和运动功能而非真正存在于大脑皮层上的心理活动。（2）当神经传入冲动进入大脑皮层时，皮层的功能不是以单个区域起作用而是所有区域一同发生作用的，那么真正的心理活动并不是固着于某一处皮层。"与此不同，任一神经元刻板运动说则认为任一类型的细胞或者每一种细胞都有其功能且固定不变。针对这一理论，卢于道提出，我们应当期待在大脑皮层上的大多数细胞的功能是不稳定并且不是完全被使用的，这些细胞主要是承担高级心理活动。为此，卢于道开始着眼于解剖脑的个体发展，寻找不稳定细胞，揭秘人类高级心理活动。

探索脑的个体发展的首要任务是采用严苛而缜密的解剖技术，

结合测量和观察手段,来获取大脑半球的生长趋势和生长阶段,包括细致而完善地描述人类胚胎从大脑半球外突至成人皮质层形成阶段的人类大脑皮层状况,继而描绘皮质区的分化。探索脑的个体发展的终极目标是借助大脑半球的生长趋势和生长阶段明悉高级心理活动在大脑皮层上的运作过程。其中,功能不稳定细胞的假说是实现高级心理活动的潜在神经解剖学基础,大脑各皮层的生长情况则是不稳定型细胞或者相比其他细胞富有胚胎潜力的细胞存在的具体实现途径。卢于道结合解剖学数据分析,将个体大脑皮层生长发育分为三个阶段:前分化期(皮层厚度约 3.1mm—19.0mm 时)、分化期(神经节带出现,从皮层厚度约 20.0mm 到生长期四月时)、层压期(皮质生长至四月开始形成六皮层后)。前分化期只有两种皮层:基质和缘带,这两种皮层分化为分化期的四种皮层。分化期区分了四种皮层:缘带、神经节带、中间带、基质带。各皮层上细胞形状、大小、密度等都存在差异,且中间带上下两部分细胞存在差异,又分为 a 部分和 b 部分。层压期按照布鲁德曼对皮质区的命名可分成六种皮层,分别为一、二、三、四、五、六皮层。从分化期到层压期的各皮层生长变化情况为:分化期的缘带发展为第一皮层,神经节带则分化为第二、第三、第四皮层,中间带 a 部分分化为第五、第六皮层,中间带 b 部分和基质带则共同形成胶质层。在层压期间六种皮层也继续处于生长演化之中,第一、第二、第五和第六皮层依旧细胞生长为原皮层,而第二皮层可能为第二和第三皮层提供生长细胞,第四皮层则可能为第三、第四和第五皮层提供生长细胞。

卢于道特别关注了按照布鲁德曼命名的第二和第四皮层（或者称为外部和内部颗粒层）的功能。他认为以颗粒细胞为主的第二和第四皮层是锥体细胞为主的第三和第五细胞的基质，它们相较于第三和第五皮层更富有潜力。考虑到第二皮层和第四皮层更符合不稳定细胞的特质，并结合当时学者的理论研究，卢于道对此做出翔实的讨论和论证。第一，卢于道援引胚胎学家康克林和罗伯逊的研究，核-胞质比例越大则越具有发展潜力，卢于道认为第二和第四皮层的颗粒细胞比第三和第五皮层的椎体细胞核-胞质比例更大，因而更富有发展潜力。但第二和第四皮层的颗粒细胞与第三和第五皮层的椎体细胞的核-胞质比例数据通过量性测量获得具有极其大的难度，卢于道只提供了初步的观察判断。第二，卢于道汲取了罗伯逊的论点，细胞潜在的细胞形态学复杂性与生理分化程度呈相反趋势，这意味着在形态复杂性这方面并不固化的细胞对刺激会产生更强的生理潜能。鉴于颗粒细胞已形成的形态复杂性的固化较椎体细胞要轻微，因而卢于道直接指出颗粒细胞能为有潜力或高阶的心理活动负责。第三，依据埃科诺莫提及的皮质要素上的"椎体状"能使第二和第四皮层发展至具有颗粒类型的第三和第五皮层，再进一步发展到颗粒皮层。第二和第三皮层，第四和第五、第三皮层间的界限模糊也间接证实了这种可能的存在。第四，埃利斯和犬饲发现在人脑和鼠脑中的浦肯野细胞随着年龄的增长而消失，这从侧面佐证了结构复杂的细胞若已发育成熟就会缺失发展潜力，卢于道由此推测第二和第四皮层的颗粒细胞比第三和第五皮层的椎体细胞更有反应和成长的潜力。第五，卢于道认同阿万特·胡格的主张——

"第四皮层是第三皮层的基质"。胡格通过比较解剖学研究来支持这一论点,即低级哺乳动物中负责联系的第二和第三皮层并不存在明显的界限,在高等哺乳动物中也存在类似的现象。第六,卢于道关于人类大脑皮层上不同皮层的个体发展的研究在上述猜测基础上有进一步发展,即第二和第四皮层具有将细胞供给第三和第五皮层的潜力。

2. 从脑的种系进化探索心理的进化

生理心理学是由生理学家查尔斯·卢瑟·赫里克在1891年于《比较神经学与心理学杂志》上首次提出,认为生理心理学是旨在整合神经系统、行为和立足于胚胎学、解剖学、心理学、生理学与哲学观点之上的心理学分支。查尔斯·贾德森·赫里克继承了胞兄的上述整合观,并试图采用解剖两栖动物的大脑的具体方法以达到找出动物智能高低的神经基础的目的。卢于道赞同通过研究动物脑来探索精神现象的科学性,并提出这种研究方法具有两重意义:"第一种意义是以形态学为出发点……脑为动物身上器官之一,并为身上各种器官之中最重要者。我们要知道动物形态的全部,绝不可忽略脑这一部分……第二重意义是以心理学为出发点……而精神现象之主宰者即是脑。下等动物和高等动物之精神现象相差很远。至于人类,能创造文化,非但和鸟类、蛙类相差很远,即和猿猴亦不可以道里计。"

从"负鼠前脑研究"拓展到"哺乳动物脑研究",再到"神经细胞内的化学成分",卢于道从脑的种系进化入手,开辟了三条探赜意识进化的研究路径。第一条路径是沿着赫里克探索脊椎动物脑解剖的路线。通过解剖北美负鼠，卢于道细致地分析了负鼠前脑上细胞结构和纤维系统的特征。赫里克曾开展过有关两栖类和爬行类动物的前脑形态学的大量工作，"关于前脑形态学的贡献，我已经汇集了两栖动物和爬行动物在胚胎期和成年期大脑的某些特征用以说明此模式的简单性"。卢于道的负鼠前脑研究是对赫里克关于前脑结构在哺乳动物心理进化上扮演重要角色的系统深化。卢于道以负鼠为哺乳动物代表的神经解剖学研究完善和修正了物种大脑进化与前脑形态变化的相关模型。然而，正如赫里克指出的："呈现关于脊椎动物大脑半球的基本形态特征的清晰而透彻的图像是一项困难的工作……也必须承认，直到最近，大量的观察依旧顽固地排斥这种相关性，并且艰巨工作之下所获得的形态学成果也极其微薄。"至于选择以北美负鼠作为哺乳动物的代表，卢于道进行了多方面的思考："（1）负鼠在多种层面上均是两栖动物的过渡目标，是一种真正意义上的哺乳动物；（2）负鼠大脑是简单有序的哺乳动物大脑，一些复杂的结构远比其他任何可以研究的高级哺乳动物大脑结构更为完整；（3）在有袋目哺乳动物中，北美负鼠处于袋鼠的原始物种和高度分化形态（如袋鼠）的中间位置。"

为了进一步深入考察脑的种系进化对于心理活动的影响，卢于道选择的第二种路径是哺乳动物脑研究。为此，他将研究对象拓展到了蝙蝠、刺猬、鼹鼠、白鼠、兔、穿山甲、猫、狗、猴和人等哺乳动物的大脑，希望从脑内神经细胞的结构模型中追溯大脑从爬行动物到高级哺乳动物的过渡状态。一方面，卢于道进一步完善了对前脑进化轨迹的探索。例如，副脑上腺是位于横帆之前的前脑顶腺之一，一直被视为存在于低级脊椎动物中，同时哺乳类动物（袋鼠、老鼠、兔子、狗、猫、羊、人）胚胎期也有些微痕迹，这些痕迹至成年则消失不见。令人惊讶的是，塞伦卡在成年袋鼠脑上发现了副脑上腺。为了核验副脑上腺在哺乳类动物中的存在及进化痕迹，卢于道于各哺乳动物（蝙蝠、刺猬、鼹鼠、白鼠、兔、穿山甲、猫、狗、猴和人）的海马交叉后部、第三脑室前部的一堆细胞中观测出其显微组织属于腺体性质，辨认为萎缩退化的腺状体。另一方面，卢于道从前脑转向选择端脑比较其在不同等级的哺乳动物中的种系发展。膈脑作为端脑中唯一不随哺乳动物等级进化而更迭的部分，纹杏复合体同样也属于在大脑皮层中发展相对滞后部分，卢于道将这两个特殊部分作为研究的切入点，澄清了随着哺乳类动物的等级进化，膈脑随之缩小，纹杏复合体（除了屏状核）愈为分化。此外，海马结构的演化也引起了卢于道的兴趣。1966年，卢于道对哺乳类（小白鼠、兔子、猫和猴）脑的海马结构进行了详尽的解剖研究，他发现海马结构在种系发展过程之中变化不大。其生物学意义源于海马结构负责内脏（即机体的基本生命活动）调整机能，而新皮层负责适应对外环境，由于对外环境比内脏环境更为多变，因而在种系发展之中海马结构的演化并不显著。这种研究模式反映出卢于道尝试从脑结构种系进化的角度考察脑与认知功能演变的认识论立场，即"脑的结构在种系发展中得来的（相对）稳定形式，亦应当反映了机能活动。机能活动促进了脑结构的形成，而形成的结构又制约了机能活动"。

除上述两条路径外，卢于道还独辟蹊径，提出了第三条研究路径。他从种系发生学的视角来摸索神经细胞内的化学成分与心理进化之间的关系，他假想这种研究能探明"智慧中心"的存在形式。因此，他通过显微化学分析了核酸或核蛋白质，发现了核酸或者核蛋白随着细胞发达度、动物进化等级、细胞衰老度而变迁。他专注于常态神经细胞和特型神经细胞的研究，并归纳出这两类细胞内的化学成分随细胞发达度、动物进化等级、细胞衰老度的变迁规律："（1）常态神经细胞核酸的分布与细胞的类型之间呈现出反比例关系，细胞体内越发达，核内核酸越少。""（2）从低等脊椎动物到高级哺乳动物随着皮质结构的发展其细胞核中核酸分布存在差异，高等脊椎动物新皮层上具备六种类型的细胞核，而下等脊椎动物只有第三及第六种细胞核。""（3）特型细胞中（如浦肯野细胞，核酸，核蛋白复合物）的酸部分既存在于年轻细胞的细胞核内，也存在于一些年老细胞的细胞核外，并且从年轻阶段到衰老阶段，细胞化学模型分布的变化可以分为六个发展阶段，特别是在衰老阶段，会产生五种退行变化：细胞核固缩、细胞核的限制、细胞质的网络形成和扩散、细胞质的空泡、细胞核仁的收缩。"

3. 中西方人脑结构的差异比较研究

中西方人脑的比较研究开始于 1924 年，中国学者王君和荷兰学者阿伦斯·卡珀共同发表了一篇论文《人脑顶叶和颞叶部分特征及其形态学意义》，着重指出了人脑的月状沟与猴脑的月状沟形似而将人脑月状沟视作人类残存的不发达的"猿"沟，以及月状沟的消失意味着人类大脑角区更为发达。本文拉开了 20 世纪早期国际体质人类学和神经解剖学领域内有关中西方人脑结构差异的争论的序幕。

1926年，在大脑的形态比较研究领域有所成就的香港大学解剖学教授约瑟夫·莱克斯登·谢尔希尔，以极具种族歧视的挑衅口吻加剧了这一议题的争论。谢尔希尔依据月状沟在中国人脑出现频次高于西方人脑，因此认为中国人脑逊色于西方人脑。他在《中国人的大脑枕叶上的特例——月状沟》一文中指出："（1）中国人脑显示枕叶上的月状沟在原始状态的大脑中更频繁出现；（2）中国人脑似乎更为原始，即中国人的枕区比埃及人脑更接近类人猿的大脑。"1934年7月30日至8月4日期间，在英国伦敦的第一届国际人类学和民族学大会上，谢尔希尔以一种更为极端的论点宣称："中国人脑有猴沟，曲如弯月，与猩猩相近，进化不如白人高等。"

为了回应与驳斥中国人脑劣于欧洲人脑的学术观点，论证中国人脑与欧洲人脑在解剖结构上并无差距，卢于道以人脑四沟（额叶上的上额沟、顶叶上的顶内沟、颞叶上的上颞沟和月状沟）为研究对象，以神经解剖数据为支撑，有力地挑战了欧洲人脑更优秀的论调。针对这场争论的焦点——关于月状沟研究，卢于道补充了谢尔希尔并未观测的其他种族（如黑种人等）的月状沟出现率，再次验证了中国人的人脑枕叶出现月状沟的频次和百分数高于白人和黑人，"余亦曾略计月状沟之数，中国人约有60%，白人约有37%，黑人约有42%：此沟在中国人脑上百分数之高，确无可讳言"。尽管根据解剖数据所获得研究结果与谢尔希尔是一致的，但卢于道依旧不认可以谢尔希尔为代表的西方学者提出的观点，即中国人脑月状沟高频出现更近类人猿脑也更落后于西方人脑。因而卢于道采取了"驳论—立论"两步走的策略。首先,他提供了一个反例——"胎儿个体的大脑中并未出现月状沟"——来否定谢尔希尔的结论。着眼于胎儿的大脑,也是卢于道人脑研究之中领先于谢尔希尔之处,他不仅仅根据静态的神经解剖结构特征来判定人脑的智慧等级,更是依据脑个体发展的动态数据来分析上述特征出现的动因。其次,卢于道提出了一些严谨而不失大胆的假说来重新解释这种特殊现象,包括中国人视觉区高度发达假说、中国人脑顶区膨大以至脑沟纵深说、中国人半脑纵向直径短矮说。这些假说从侧面暗示了月状沟出现频率高不仅并不意味着一种进化上的劣势,相反,它很可能是一种优势。

关于其他人脑三沟的解剖与观测上,卢于道的研究比较清晰地呈现各人种脑沟的间断(discontinuous)或者继续行(continuous)的比例数据并观测到一些不同人种较为突出的特征,中国人的颞沟多继续行而白人多间断,黑人的额沟相较于其他两人种少继续行而多间断。卢于道认为,根据神经解剖结构来判定人脑的智慧是一种粗率鲁莽的学术态度,"沟的间断是属于进化抑或是退化,是一个尚未明确的问题,根据沟的继续或间断来确定人种的优劣之法的可行性尚待商榷"。这一观点严肃地质疑了谢尔希尔之于月状沟出现频次判定人脑优劣的评定方式。卢于道还从细胞结构模型层面对中西方人脑进行比较,挑战了谢尔希尔的研究结论。比如说,对中国人脑和欧洲人脑依照埃科诺莫和克斯吉纳斯的分区,切片观察其额叶、顶叶、颞叶和岛叶上的重要皮层区,每区又用染细胞及染纤维方法染色,再观察其细胞组型及纤维组型。由细胞组型的切片再量得皮层的厚度,各层(皮层共分六层)的厚薄及细胞密度、细胞大小等,再与埃科诺莫的结果相比较,再次论证中国人脑与欧洲人脑并无显著差异。

三、评价

自华生开创行为主义流派起,行为主义者眼中的心理学是纯粹的行为科学,将心灵排除在科学研究的对象之外是心理学迈向自然科学的必然选择。然而,这种彻底的自然主义观却使得行为主义陷于身心二元论的囹圄。就连华生的学生和亲密合作伙伴拉什利都绝不承认自己是华生所定义的行为主义,他无论如何都无法接受身心二元论。"行为主义出路何在"是华生之后的诸多早期行为主义学者深存心中的困惑。为此,拉什利试图从神经学中获取有关身心关系的新的灵感。无独有偶,神经学在20世纪初也出现了主动关注心理学及身心关系的倾向。虽然"回避'古老的身心问题'充满着致命的诱惑力",但当时的神经科学家们必须去面对这个艰险的挑战。这是因为"关于心灵如何与大脑建立关系的问题以及它在意识之上的表达具有古老血统和持续复杂性,以至于在20世纪的神经科学中不去尝试更新是不合适的。一个特别紧迫的事实是,这么多杰出的神经科学家已经注意到这个令人生畏的挑战"。这一设想最早可以追溯至赫里克胞兄主张"通过神经系统的比较学研究将神经解剖学嵌入心理学之中"。

然而,针对拉什利提出无论从最简单的行为到最复杂的思想过程都要完全使用生物学、化学等领域的语言来表达的立场,赫里克认为这无疑又走向了矫枉过正。他期许存在着高于大脑之外无法还原的意识经验。卢于道接受了赫里克的言传身教,从解剖大脑结构入手,融合神经科学与心理学以探索身心问题。

首先,卢于道探索了智慧中心在人脑之中的存在形式,并试图研究负责高级心理活动的不稳定细胞。透过与个体发展研究为链接精神现象及其神经基础,提供了一条不同于常规模式的独特路径。他的系列研究以脑的个体发展作为起点,以某一种神经细胞为探索对象,依照解剖数据及同一时期权威学者的研究结果,创造性地预见了第二、第四皮层为高等心理活动承担着重要的职能。已有研究显示,在第二、第四皮层中所含有的这种不稳定细胞可以视为当前医学研究中的神经干细胞的思想原型之一。祖细胞可以转变为颗粒细胞层,椎体神经元是由移植的神经干细胞转变而成的。卢于道提出以颗粒细胞为主的第二、第四皮层能发展为以椎体细胞为主的第一、第三皮层的原理,虽与当前科学成果相悖,但其所蕴含的科学内核——存在一种可以转变为其他细胞的细胞,在当时是站在神经学巅峰之上的大胆前瞻。此外,在卢于道于 1929 年发表的有关人类大脑皮质在个体发育形成时其各层的机能研究成果中,他敏锐地关注到了英国神经生理学家阿德里安等开展的工作,并判断出后者的研究重点是发现了神经元动作电位的"全或无"。凭借这项研究,阿德里安和谢灵顿一起分享了 1932 年诺贝尔生理学或医学奖。卢于道准确地捕捉到了这项研究的价值,并希望沿袭布鲁德曼的道路,基于神经解剖学去研究信息传递的物质基础,这充分反映了当时他开展的研究完全处于国际顶尖水准之上。

其次，从比较各等级动物大脑的种系发展探索心理的进化。一方面，按照当时已经达成的神经学共识，低级哺乳动物大脑中的神经细胞及其内部的化学成分上的一些高度发展的部位却在高级哺乳动物上出现退化或者不发育。芝加哥大学解剖学系有袋目哺乳动物前脑解剖研究是当时该领域的前沿研究，卢于道的北美负鼠解剖也是芝加哥大学解剖学系工作的核心组成部分。对于卢于道开展的研究，赫里克毫不掩饰对爱徒工作的称赞："我们已经到达了一个临界点，前脑形态的有效关联已经开始形成，在个体物种间扑朔迷离又兼具复杂性的细节特征内，我们极有可能看到令人震惊的连续而精简的模型。"另一方面，卢于道延续赫里克从低等动物到高等动物的大脑解剖，从比较神经学的路径找寻动物智能高低的神经基础，他的三路径探索体现了他对智慧内涵的独特思考，即动物脑在进化之中智慧是以何种形式存在，究竟是神经细胞的机构模型还是神经细胞体的化学成分。

最后，解剖中西方人脑并从神经细胞结构上初步证明了种族之间不存在智力差异，驳斥西方学者将在中国人脑中高频出现的且形似猿猴月状沟的人脑月状沟视作脑之落后标记，重新立论月状沟在中国人脑上频次高发极有可能是中国人脑之优异特征。一方面，卢于道的工作否定了中国人脑不如西方人脑这种简单粗暴的论断，他使人脑的比较研究脱离了人种优劣论的深渊，为人类学研究提供了有价值的参考。另一方面，上述工作使得人脑研究在视野上实现了从简单、片面、表层向复杂、系统、深度的转换，从最初依据神经系统固定结构特征的静态分析来衡量人种智慧的优劣，转向从大脑种系进化和个体发展的动态演化来审视人类智慧的起源。

综上，卢于道在 20 世纪三四十年代开展的上述研究工作系统地推进了赫里克的学术主张，以神经科学家的身份回应了拉什利的观点。这些成果不仅达到了当时国际一流的水准，更为重要的是，上述研究的开展为推动新生的神经科学在中国这一当时拥有世界五分之一人口的文明古国的发展起到了发蒙启蔽的作用。对此，中国植物分类学的奠基人胡先骕先生评价道："生物学发轫虽稍迟，而以从事者众，进步之速，有非一般社会所能臆及者。如……欧阳翥、卢于道二位先生之于神经学……皆已世界知名矣。"

（作者：钱燕燕　陈　巍　郭本禹　文生俊）

参考资料

李冶　金元之际的著名学者

［1］缪钺.李冶、李治释疑［J］.东方杂志,1943（10）.

［2］李冶.敬斋古今黈［M］.丛书集成本.上海:商务印书馆,1935.

［3］元好问.元遗山先生全集［M］.读书山房刻本.1881（清光绪七年）.

［4］苏天爵.元朝名臣事略［M］.影印元刊本.北京:中华书局,1962.

［5］李冶.益古演段［M］.丛书集成本.上海:商务印书馆,1936.

［6］李冶.测圆海镜细草［M］.丛书集成本.上海:商务印书馆,1935.

［7］任继愈.中国哲学发展史［M］.北京:人民出版社,1983.

［8］任继愈.中国哲学史简编［M］.北京:人民出版社,1973.

［9］欧阳修,宋祁.新唐书:方技列传［M］.北京:中华书局,1975.

［10］耶律铸.双溪醉隐集［M］.辽海丛书本.

徐霞客　明代伟大的地理学家

［1］徐弘祖.徐霞客游记［M］.上海:商务印书馆,1933.

［2］徐弘祖.徐霞客游记［M］.褚绍唐,吴应寿,整理.上海:上海古籍出版社,1980.

王锡阐　清代杰出的天文学家

［1］王济.王晓庵先生墓志［M］//凌淦.松陵文录:卷十六.木刻本.1874（同治

十三年).

[2] 潘耒.晓庵遗书序[M]//遂初堂集:卷六.清康熙刻本.

[3] 顾炎武.顾亭林诗文集[M].华忱之,点校.北京:中华书局,1983.

[4] 席文.为什么中国没有发生科学革命[J].科学与哲学,1984(1).

[5] 梁启超.中国近三百年学术史[M]//梁启超论清学史二种.上海:复旦大学出版社,1985.

[6] 江晓原.试论清代"西学中源"说[J].自然科学史研究,1988,7(2).

[7] 江晓原.王锡阐及其《晓庵新法》[J].中国科技史料,1986,7(6).

[8] 王锡阐.五星行度解[M].上海:商务印书馆,1939.

[9] 江晓原.开普勒天体引力思想在中国[J].自然科学史研究,1987,6(2).

[10] 伽利略.关于托勒密和哥白尼两大世界体系的对话[M].上海:上海人民出版社,1974.

[11] 李约瑟.中国科学技术史:第四卷[M].北京:科学出版社,1975.

梅文鼎　清初历算大师

[1] 梅文鼎.梅氏丛书辑要[M].颐园刊本.1761(清乾隆二十六年).

[2] 梅文鼎.勿庵历算书目[M].知不足斋丛书本.1795(清乾隆六十年).

[3] 梅文鼎.绩学堂诗文抄[M].合肥:黄山书社,1995.

[4] 李俨.梅文鼎年谱[M]//中算史论丛:第三集.北京:科学出版社,1955.

李善兰　中国近代科学的先驱者

[1] 苞溪李氏家乘[M].祠堂藏板.1890(清光绪十六年).

[2] 李善兰.则古昔斋算学[M].独山莫氏刊本.上海:金陵书局,1867(清同治六年).

[3] 李善兰.则古昔斋文抄[M].汲修斋丛书本.

[4] 李善兰.听雪轩诗存[M].汲修斋校本.

[5] 李俨.李善兰年谱[M]//中算史论丛:第四集.北京:科学出版社,1955.

华蘅芳　中国近代科学的先行者和传播者

[1] 华蘅芳.行素轩算稿[M].梁溪华氏刊本.1882（清光绪八年）.

[2] 华蘅芳.行素轩文存[M].刻本.1872（清同治十一年）.

[3] 傅兰雅.决疑数学[M].上海:格致书室,1897（清光绪二十三年）.

章颐年　中国心理卫生的开拓者

[1] 姚本先.学校心理健康教育新论[M].北京:高等教育出版社,2010.

[2] 章颐年.心理卫生概论[M].北京:东方出版社,2013.

[3] 胡延峰.留美学者章颐年与大夏大学心理学会[J].徐州师范大学学报（哲学社会科学版）,2009,35（1）:5-8+41.

[4] 杨鑫辉.心理学通史:第二卷[M].济南:山东教育出版社,2000.

[5] 周尚.问题儿童与心理卫生[J].教育杂志,1923（9）.

[6] 陈宗仁.心理卫生与心理学[J].清华周刊,1932（10-11）.

[7] 吴南轩.心理卫生意义范围与重要性[J].教育丛刊,1934（1）.

[8] 高觉敷.中国心理学史[M].北京:人民教育出版社,1985.

[9] 侯怀银,李艳莉.大夏大学教育系科的发展及启示[J].华东师范大学学报(教育科学版),2011,(29)(3):82-90.

卢于道　与中国神经科学之发蒙启蔽

[1] 约翰·华生.行为主义[M].李维,译.北京:北京大学出版社,2012.

[2] 杨鑫辉.心理学通史:第二卷[M].济南:山东教育出版社,2000.

[3] 卢于道. 神经解剖学自序[J]. 国风半月刊, 1932, (4): 51-52.

[4] 卢于道, 王伯扬. 延脑血压中枢的刺激效应规律[J]. 复旦学报（自然科学学报）, 1959, (1): 139-143.

[5] 卢于道, 唐仲良. 论海马的动力结构[J]. 解剖学通报, 1966, (2): 25-38.

人名对照表

（按外文姓氏的首字母排序）

A

阿德里安——C. E. Adrian

阿伦斯·卡珀——C. U. Ariëns Kappers

B

培根——F. Bacon

比尔斯——C. W. Beers

伯努利——Jacob Bernoulli

布里格斯——H. Briggs

布鲁德曼——K. Brodmann

C

钱伯斯——Chambers

康克林——E. Conklin

D

代那——J. D. Dana

达尔文——C. R. Darwin

E

埃科诺莫——C. Economo

艾约瑟——J. Edkins

埃利斯——S. Ellis

埃拉托色尼——Eratosthenes

F

费马——P. Fermat

傅兰雅——J. Fryer

G

伽利略——Galilei

伽罗威——T. Galloway

格列哥利——C. Gregory

H

阿万特·胡格——E. Han' t Hoog

查尔斯·贾德森·赫里克——Charles Judson Herrick

赫歇尔——J. Herschel

合信——B. Hobson

好司敦——E. I. Houston

洪堡——A. von Humboldt

赫胥黎——T. H. Huxley

惠更斯——C. Huygens

海麻士——J. Hymers

I

犬饲——T. Inukai

K

开奈利——A. E. Kenelly

开普勒——J. Kepler

克斯吉纳斯——G. N. Koskinas

金楷理——C. T. Kreyer

君克迩——F. Kunkel

L

拉格朗日——J. L. Lagrange

拉马克——J. B. Lamarck

普拉斯——M. Laplace

卡尔·斯宾塞·拉什利
　　——Karl Spencer Lashley

林德利——J. Lindley

卢于道——Loo Yutaoa

罗密士——E. Loomis

伦德——T. Lund

赖尔——C. Lyell

M

玛高温——D. J. Macgowan

丁韪良——W. A. P. Martim

麦都思——W. H. Medhurst

棣美弗——De Moiver

棣么甘——A. D. Morgan

N

纳贝尔——J. Napier

李约瑟——Needham

牛顿——I. Newton

P

帕斯卡——B. Pascal

托勒密——Ptolemy

R

李戴尔——C. Ritter

罗伯逊——T. Robertson

S

萨顿——G. Sarton

塞伦卡——E. Selenka

约瑟夫·莱克斯登·谢尔希尔
　　　　——Joseph Lexden Shellshear

谢灵顿——C. Sherrington

席文——N. Sivin

斯提文——S. Stevin

T

第谷——Tycho

W

华莱士——W. Wallace

约翰·布鲁德斯·华生
　　　　——John Broadus Watson

胡威立——W. Whewell

韦廉臣——A. Williamson

伟烈亚力——A. Wylie